ISBN: 9798670940627

CONTENTS

CONTENTS

Name: —————————————— Date: ——————

Time: :

Score: /

Find the product

1) $3 \times 4 =$

2) $6 \times 10 =$

3) $9 \times 9 =$

4) $3 \times 3 =$

5) $10 \times 10 =$

6) $3 \times 9 =$

7) $6 \times 6 =$

8) $10 \times 3 =$

9) $8 \times 12 =$

10) $11 \times 2 =$

11) $5 \times 2 =$

12) $6 \times 1 =$

13) $10 \times 2 =$

14) $8 \times 10 =$

15) $10 \times 6 =$

16) $4 \times 10 =$

17) $2 \times 8 =$

18) $10 \times 4 =$

19) $12 \times 7 =$

20) $10 \times 5 =$

21) $2 \times 6 =$

22) $7 \times 11 =$

23) $4 \times 12 =$

24) $10 \times 7 =$

25) $7 \times 6 =$

26) $8 \times 2 =$

27) $7 \times 2 =$

28) $12 \times 8 =$

29) $2 \times 5 =$

30) $4 \times 4 =$

31) $7 \times 5 =$

32) $9 \times 7 =$

33) $4 \times 2 =$

34) $2 \times 7 =$

35) $1 \times 11 =$

36) $7 \times 7 =$

| Day 2 | Multiplication facts (digits 0-12) |

Time:
:

Score:
/

Find the product

1) $7 \times 3 =$

2) $3 \times 5 =$

3) $11 \times 12 =$

4) $2 \times 12 =$

5) $9 \times 11 =$

6) $11 \times 9 =$

7) $12 \times 3 =$

8) $5 \times 9 =$

9) $10 \times 9 =$

10) $7 \times 1 =$

11) $5 \times 3 =$

12) $8 \times 12 =$

13) $2 \times 11 =$

14) $10 \times 2 =$

15) $5 \times 5 =$

16) $8 \times 7 =$

17) $10 \times 10 =$

18) $9 \times 7 =$

19) $1 \times 12 =$

20) $9 \times 1 =$

21) $3 \times 7 =$

22) $3 \times 9 =$

23) $6 \times 1 =$

24) $10 \times 3 =$

25) $7 \times 6 =$

26) $11 \times 7 =$

27) $7 \times 12 =$

28) $9 \times 4 =$

29) $7 \times 4 =$

30) $4 \times 1 =$

31) $3 \times 11 =$

32) $8 \times 5 =$

33) $4 \times 5 =$

34) $11 \times 3 =$

35) $6 \times 10 =$

36) $8 \times 10 =$

Day 3 **Multiplication facts (digits 0-12)**

Find the product

1) 6 × 8 =   2) 4 × 11 =   3) 9 × 10 =

4) 5 × 3 =   5) 9 × 5 =   6) 1 × 8 =

7) 7 × 10 =   8) 8 × 5 =   9) 2 × 6 =

10) 2 × 7 =   11) 10 × 5 =   12) 1 × 9 =

13) 4 × 7 =   14) 10 × 4 =   15) 2 × 1 =

16) 4 × 6 =   17) 9 × 2 =   18) 11 × 10 =

19) 9 × 1 =   20) 4 × 4 =   21) 6 × 4 =

22) 8 × 11 =   23) 5 × 2 =   24) 3 × 1 =

25) 3 × 4 =   26) 9 × 7 =   27) 8 × 2 =

28) 8 × 7 =   29) 8 × 3 =   30) 1 × 2 =

31) 2 × 9 =   32) 11 × 6 =   33) 2 × 11 =

34) 2 × 8 =   35) 9 × 3 =   36) 5 × 10 =

Day 4 | **Division facts (2-digit by 1-digit)**

Time:
:

Score:
/

Find the quotient

1) $18 \div 2 =$

2) $10 \div 1 =$

3) $77 \div 7 =$

4) $40 \div 4 =$

5) $10 \div 5 =$

6) $88 \div 8 =$

7) $18 \div 3 =$

8) $12 \div 3 =$

9) $15 \div 3 =$

10) $32 \div 8 =$

11) $21 \div 3 =$

12) $50 \div 5 =$

13) $64 \div 8 =$

14) $55 \div 5 =$

15) $12 \div 2 =$

16) $24 \div 2 =$

17) $66 \div 6 =$

18) $20 \div 2 =$

19) $8 \div 2 =$

20) $24 \div 6 =$

21) $15 \div 5 =$

22) $42 \div 6 =$

23) $72 \div 6 =$

24) $42 \div 7 =$

25) $4 \div 2 =$

26) $99 \div 9 =$

27) $24 \div 4 =$

28) $16 \div 8 =$

29) $72 \div 8 =$

30) $60 \div 5 =$

31) $27 \div 3 =$

32) $84 \div 7 =$

33) $20 \div 5 =$

34) $90 \div 9 =$

35) $40 \div 8 =$

36) $7 \div 7 =$

Name: ———————————— Date: ———————

Find the quotient

1) 16 ÷ 4 =

2) 42 ÷ 6 =

3) 32 ÷ 4 =

4) 45 ÷ 9 =

5) 35 ÷ 5 =

6) 66 ÷ 6 =

7) 36 ÷ 4 =

8) 33 ÷ 3 =

9) 24 ÷ 8 =

10) 60 ÷ 6 =

11) 8 ÷ 2 =

12) 72 ÷ 8 =

13) 77 ÷ 7 =

14) 18 ÷ 3 =

15) 99 ÷ 9 =

16) 8 ÷ 1 =

17) 8 ÷ 8 =

18) 72 ÷ 9 =

19) 48 ÷ 8 =

20) 30 ÷ 5 =

21) 7 ÷ 1 =

22) 30 ÷ 3 =

23) 50 ÷ 5 =

24) 12 ÷ 2 =

25) 24 ÷ 2 =

26) 12 ÷ 6 =

27) 15 ÷ 3 =

28) 55 ÷ 5 =

29) 12 ÷ 4 =

30) 12 ÷ 1 =

31) 8 ÷ 4 =

32) 14 ÷ 7 =

33) 6 ÷ 6 =

34) 22 ÷ 2 =

35) 48 ÷ 4 =

36) 63 ÷ 9 =

Time: :

Score: /

Day 6 | **Multiplication facts (digits 0-12)**

Find the quotient

1) $18 \div 9 =$

2) $12 \div 6 =$

3) $66 \div 6 =$

4) $24 \div 4 =$

5) $50 \div 5 =$

6) $16 \div 4 =$

7) $24 \div 3 =$

8) $18 \div 3 =$

9) $60 \div 6 =$

10) $80 \div 8 =$

11) $33 \div 3 =$

12) $77 \div 7 =$

13) $44 \div 4 =$

14) $11 \div 1 =$

15) $63 \div 7 =$

16) $16 \div 2 =$

17) $20 \div 5 =$

18) $55 \div 5 =$

19) $88 \div 8 =$

20) $22 \div 2 =$

21) $42 \div 6 =$

22) $40 \div 8 =$

23) $36 \div 3 =$

24) $24 \div 2 =$

25) $10 \div 2 =$

26) $64 \div 8 =$

27) $28 \div 7 =$

28) $2 \div 1 =$

29) $12 \div 3 =$

30) $20 \div 4 =$

31) $30 \div 3 =$

32) $70 \div 7 =$

33) $35 \div 7 =$

34) $56 \div 7 =$

35) $20 \div 2 =$

36) $49 \div 7 =$

Name: —————————————— **Date:** —————

Day 7 | **Complete the multiplication grids**

Complete the times tables below (Hints 10%).

1)

✖	7	10	12	2	1	4	8	5	11	9	6	3
6		60										
8												
10								50				
12						48				108		
4							32					
1	7			2						9		
2					2							
5												

2)

✖	7	8	2	3	10	4	9	11	5	12	6	1
12		96						132				12
3											18	
4							36					
1					10			11				
6												
8											48	
5	35											
2												

Day 8 | **Complete the multiplication grids**

Complete the times tables below (No hints).

1)

✗	8	1	4	10	7	9	5	12	2	11	3	6
9												
3												
12												
5												
10												
2												
7												
1												

2)

✗	11	1	2	7	12	3	6	9	10	8	4	5
7												
2												
5												
10												
12												
9												
8												
3												

Time:
:

Score:
/

Day 9 | **Complete the multiplication grids**

Complete the times tables below (Hints 20%).

1)

✗	10	12	2	7	5	6	3	4	9	11
12			24	84	60					132
3			6			18				
6					30	36				
9				63			27	36		
10				70				40		
11								44		
7			14				21			
2	20					12	6			
1							3			
4				28						
8	80							32		
5									45	

Name: ———————————— Date: —————————

Day 10 | **Complete the multiplication circles**

Complete the circles by multiplying the number in the centre by the middle ring to get the outer numbers.

1)
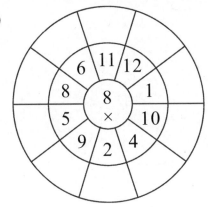

2)
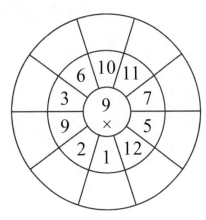

3)
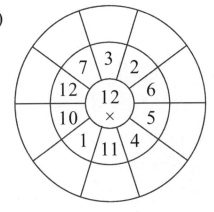

4)
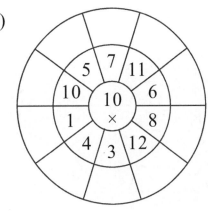

5)
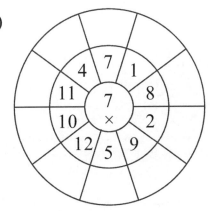

6)
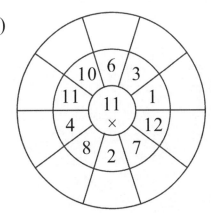

Name: ———————————— **Date:** ————————

Complete the circles by multiplying the number in the centre by the middle ring to get the outer numbers.

1)
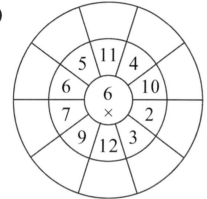

2)
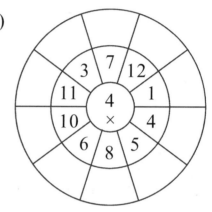

3)
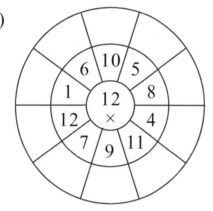

4)
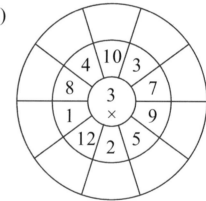

5)
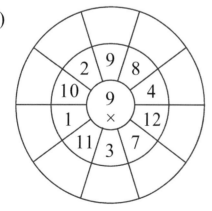

6)
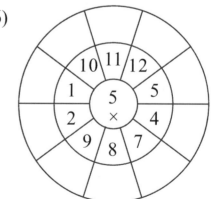

Name: —————————————— Date: ——————————

Time:
:

Score:
/

Complete the circles by dividing the middle ring number by the number in the centre and show your answer in the outside ring.

1)

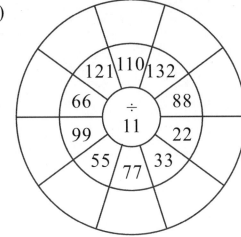

2)

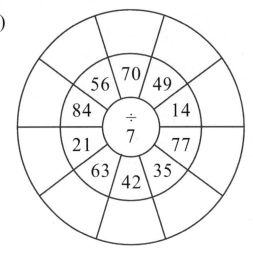

3)

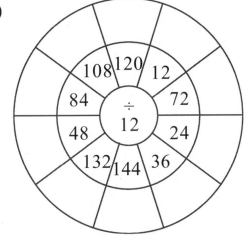

4)

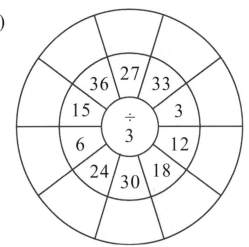

Name: —————————————— Date: ——————————

Time: :   Score: /

Complete the circles by dividing the middle ring number by the number in the centre and show your answer in the outside ring.

1)

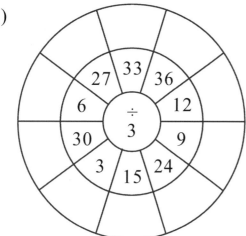

2)

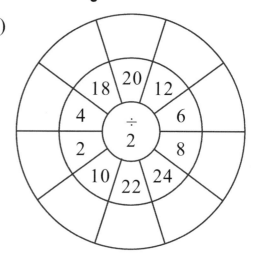

3)

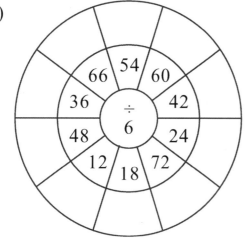

4)

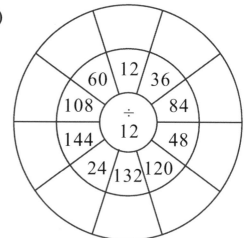

Name: ———————————— Date: ———————

Day 14 | **Multiplication facts missing numbers**

Fill in the missing numbers.

1) 11 × ____ = 33

2) 9 × ____ = 81

3) ____ × 4 = 44

4) 10 × ____ = 100

5) 4 × ____ = 28

6) 10 × ____ = 20

7) ____ × 11 = 121

8) ____ × 8 = 80

9) 9 × ____ = 54

10) ____ × 1 = 6

11) 4 × ____ = 44

12) ____ × 7 = 77

13) ____ × 10 = 10

14) 5 × ____ = 55

15) ____ × 11 = 33

16) ____ × 12 = 120

17) 2 × ____ = 22

18) 5 × ____ = 10

19) 10 × ____ = 110

20) ____ × 12 = 60

21) 3 × ____ = 21

22) 10 × ____ = 50

Name: —————————————— Date: ———————

Time:
:

Score:
/

Fill in the missing numbers.

1) _____ × 12 = 120

2) _____ × 8 = 96

3) _____ × 2 = 22

4) _____ × 7 = 77

5) 8 × _____ = 96

6) 11 × _____ = 132

7) 8 × _____ = 16

8) _____ × 11 = 44

9) 11 × _____ = 33

10) _____ × 7 = 70

11) _____ × 4 = 20

12) _____ × 7 = 84

13) 11 × _____ = 66

14) _____ × 11 = 33

15) 6 × _____ = 60

16) 11 × _____ = 121

17) 12 × _____ = 24

18) 2 × _____ = 20

19) 11 × _____ = 44

20) _____ × 4 = 40

21) _____ × 6 = 72

22) _____ × 11 = 132

Day 16 | **Multiplication facts missing numbers**

Time:

:

Score:

/

Fill in the missing numbers.

1) 12 × ____ = 120

2) ____ × 1 = 12

3) 10 × ____ = 120

4) 11 × ____ = 132

5) 3 × ____ = 18

6) ____ × 10 = 30

7) 5 × ____ = 20

8) 6 × ____ = 72

9) 5 × ____ = 50

10) ____ × 11 = 110

11) 11 × ____ = 121

12) 6 × ____ = 66

13) ____ × 11 = 22

14) 12 × ____ = 36

15) ____ × 12 = 144

16) 10 × ____ = 90

17) 11 × ____ = 33

18) ____ × 11 = 55

19) ____ × 10 = 100

20) ____ × 12 = 60

21) ____ × 11 = 11

22) ____ × 11 = 132

Name: —————————————— Date: ——————————

Time:
:

Score:
/

Fill in the missing numbers.

1) ____ × 11 = 77

2) ____ × 11 = 110

3) ____ × 10 = 110

4) 11 × ____ = 55

5) ____ × 10 = 120

6) ____ × 11 = 121

7) 11 × ____ = 132

8) ____ × 8 = 88

9) ____ × 9 = 108

10) 10 × ____ = 60

11) 5 × ____ = 30

12) 3 × ____ = 33

13) 3 × ____ = 27

14) ____ × 5 = 20

15) ____ × 5 = 35

16) ____ × 12 = 84

17) 2 × ____ = 22

18) ____ × 11 = 88

19) 10 × ____ = 100

20) ____ × 4 = 28

21) ____ × 3 = 18

22) 2 × ____ = 4

Name: ——————————————— Date: ——————————

Time: :

Score: /

Fill in the missing numbers.

1) $30 \div \underline{\quad} = 10$

2) $\underline{\quad} \div 6 = 7$

3) $55 \div \underline{\quad} = 11$

4) $72 \div \underline{\quad} = 9$

5) $80 \div \underline{\quad} = 10$

6) $32 \div \underline{\quad} = 8$

7) $\underline{\quad} \div 1 = 12$

8) $\underline{\quad} \div 8 = 2$

9) $\underline{\quad} \div 9 = 12$

10) $\underline{\quad} \div 3 = 12$

11) $84 \div \underline{\quad} = 12$

12) $6 \div \underline{\quad} = 2$

13) $5 \div \underline{\quad} = 1$

14) $\underline{\quad} \div 5 = 7$

15) $33 \div \underline{\quad} = 11$

16) $\underline{\quad} \div 1 = 11$

17) $36 \div \underline{\quad} = 6$

18) $\underline{\quad} \div 3 = 8$

19) $\underline{\quad} \div 1 = 8$

20) $\underline{\quad} \div 4 = 2$

21) $22 \div \underline{\quad} = 11$

22) $\underline{\quad} \div 2 = 10$

Name: —————————————— Date: ——————————

Time:

:

Score:

/

Fill in the missing numbers.

1) ___ ÷ 2 = 12

2) ___ ÷ 7 = 6

3) ___ ÷ 3 = 11

4) 66 ÷ ___ = 11

5) ___ ÷ 2 = 11

6) ___ ÷ 5 = 12

7) ___ ÷ 3 = 8

8) 21 ÷ ___ = 3

9) 99 ÷ ___ = 11

10) 40 ÷ ___ = 10

11) 55 ÷ ___ = 11

12) 48 ÷ ___ = 12

13) ___ ÷ 3 = 10

14) 12 ÷ ___ = 6

15) ___ ÷ 3 = 6

16) 16 ÷ ___ = 4

17) ___ ÷ 7 = 5

18) 6 ÷ ___ = 6

19) 10 ÷ ___ = 5

20) 3 ÷ ___ = 1

21) ___ ÷ 8 = 11

22) ___ ÷ 7 = 11

Name: ———————————— Date: ——————

Day 20 | **Division facts missing numbers**

Fill in the missing numbers.

1) $16 \div \underline{} = 4$

2) $45 \div \underline{} = 5$

3) $\underline{} \div 9 = 11$

4) $4 \div \underline{} = 1$

5) $3 \div \underline{} = 3$

6) $\underline{} \div 8 = 10$

7) $\underline{} \div 4 = 2$

8) $88 \div \underline{} = 11$

9) $\underline{} \div 4 = 11$

10) $\underline{} \div 5 = 12$

11) $40 \div \underline{} = 5$

12) $48 \div \underline{} = 8$

13) $48 \div \underline{} = 6$

14) $\underline{} \div 3 = 1$

15) $33 \div \underline{} = 11$

16) $\underline{} \div 7 = 12$

17) $54 \div \underline{} = 6$

18) $22 \div \underline{} = 11$

19) $\underline{} \div 7 = 3$

20) $77 \div \underline{} = 11$

21) $\underline{} \div 6 = 12$

22) $50 \div \underline{} = 10$

Name: ——————————— Date: ———————

Fill in the missing numbers.

1) $72 \div \underline{\hspace{1cm}} = 12$

2) $\underline{\hspace{1cm}} \div 7 = 12$

3) $\underline{\hspace{1cm}} \div 7 = 9$

4) $\underline{\hspace{1cm}} \div 1 = 11$

5) $\underline{\hspace{1cm}} \div 2 = 10$

6) $\underline{\hspace{1cm}} \div 1 = 6$

7) $70 \div \underline{\hspace{1cm}} = 10$

8) $108 \div \underline{\hspace{1cm}} = 12$

9) $\underline{\hspace{1cm}} \div 5 = 11$

10) $\underline{\hspace{1cm}} \div 7 = 11$

11) $\underline{\hspace{1cm}} \div 3 = 5$

12) $\underline{\hspace{1cm}} \div 6 = 8$

13) $\underline{\hspace{1cm}} \div 9 = 11$

14) $66 \div \underline{\hspace{1cm}} = 11$

15) $30 \div \underline{\hspace{1cm}} = 10$

16) $\underline{\hspace{1cm}} \div 8 = 12$

17) $33 \div \underline{\hspace{1cm}} = 11$

18) $88 \div \underline{\hspace{1cm}} = 11$

19) $21 \div \underline{\hspace{1cm}} = 3$

20) $\underline{\hspace{1cm}} \div 3 = 12$

21) $12 \div \underline{\hspace{1cm}} = 2$

22) $\underline{\hspace{1cm}} \div 2 = 12$

Name: —————————————— **Date:** ———————

Complete each family of facts.

1)

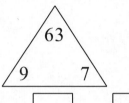

⬜ × ⬜ = ⬜

⬜ × ⬜ = ⬜

⬜ ÷ ⬜ = ⬜

⬜ ÷ ⬜ = ⬜

2)

18
6   3

⬜ × ⬜ = ⬜

⬜ × ⬜ = ⬜

⬜ ÷ ⬜ = ⬜

⬜ ÷ ⬜ = ⬜

3)

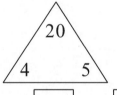

⬜ × ⬜ = ⬜

⬜ × ⬜ = ⬜

⬜ ÷ ⬜ = ⬜

⬜ ÷ ⬜ = ⬜

4)

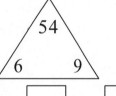

⬜ × ⬜ = ⬜

⬜ × ⬜ = ⬜

⬜ ÷ ⬜ = ⬜

⬜ ÷ ⬜ = ⬜

Name: —————————————— **Date:** ——————————

Day 23 **Multiplication and division fact families**

Complete each family of facts.

1)

△ 27
 3   9

☐ × ☐ = ☐

☐ × ☐ = ☐

☐ ÷ ☐ = ☐

☐ ÷ ☐ = ☐

2)

△ 80
 10   8

☐ × ☐ = ☐

☐ × ☐ = ☐

☐ ÷ ☐ = ☐

☐ ÷ ☐ = ☐

3)

△ 88
 11   8

☐ × ☐ = ☐

☐ × ☐ = ☐

☐ ÷ ☐ = ☐

☐ ÷ ☐ = ☐

4)

△ 5
 1   5

☐ × ☐ = ☐

☐ × ☐ = ☐

☐ ÷ ☐ = ☐

☐ ÷ ☐ = ☐

Name: —————————————— **Date:** ——————————

Time:

:

Score:

/

Complete each family of facts.

1)

△ 30
6   5

☐ × ☐ = ☐

☐ × ☐ = ☐

☐ ÷ ☐ = ☐

☐ ÷ ☐ = ☐

2)

△ 12
6   2

☐ × ☐ = ☐

☐ × ☐ = ☐

☐ ÷ ☐ = ☐

☐ ÷ ☐ = ☐

3)

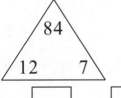

△ 84
12   7

☐ × ☐ = ☐

☐ × ☐ = ☐

☐ ÷ ☐ = ☐

☐ ÷ ☐ = ☐

4)

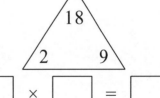

△ 18
2   9

☐ × ☐ = ☐

☐ × ☐ = ☐

☐ ÷ ☐ = ☐

☐ ÷ ☐ = ☐

27

Name: ————————— Date: ——————

Time:
:

Score:
/

Find the product

1) 10 × 10 =

2) 3 × 60 =

3) 6 × 50 =

4) 1 × 90 =

5) 2 × 50 =

6) 8 × 80 =

7) 3 × 60 =

8) 6 × 80 =

9) 12 × 70 =

10) 2 × 20 =

11) 1 × 10 =

12) 1 × 40 =

13) 1 × 70 =

14) 10 × 60 =

15) 10 × 60 =

16) 10 × 60 =

17) 5 × 40 =

18) 11 × 80 =

19) 8 × 50 =

20) 3 × 30 =

21) 7 × 40 =

22) 9 × 20 =

23) 5 × 10 =

24) 7 × 60 =

25) 7 × 20 =

26) 1 × 80 =

27) 8 × 70 =

28) 1 × 70 =

29) 8 × 70 =

30) 8 × 40 =

Time:

:

Score:

/

Day 26 | **Multiply by whole tens**

Find the product

1) 6 × 50 =

2) 12 × 20 =

3) 7 × 60 =

4) 2 × 60 =

5) 2 × 50 =

6) 3 × 90 =

7) 10 × 50 =

8) 9 × 70 =

9) 1 × 50 =

10) 2 × 80 =

11) 3 × 60 =

12) 5 × 20 =

13) 11 × 40 =

14) 5 × 20 =

15) 9 × 30 =

16) 5 × 30 =

17) 10 × 70 =

18) 11 × 30 =

19) 5 × 40 =

20) 8 × 20 =

21) 2 × 80 =

22) 4 × 80 =

23) 5 × 40 =

24) 10 × 90 =

25) 12 × 40 =

26) 4 × 60 =

27) 5 × 90 =

28) 12 × 80 =

29) 3 × 20 =

30) 4 × 80 =

Name: —————————————— Date: ———————

Time:
:

Score:
/

Day 27 | **Multiply by whole hundreds**

Find the product

1) 10 × 300 =

2) 9 × 500 =

3) 4 × 100 =

4) 7 × 500 =

5) 7 × 900 =

6) 4 × 500 =

7) 1 × 100 =

8) 12 × 600 =

9) 4 × 800 =

10) 6 × 400 =

11) 9 × 100 =

12) 9 × 200 =

13) 6 × 800 =

14) 1 × 400 =

15) 4 × 700 =

16) 6 × 200 =

17) 1 × 800 =

18) 6 × 200 =

19) 9 × 100 =

20) 12 × 600 =

21) 8 × 500 =

22) 4 × 600 =

23) 3 × 200 =

24) 3 × 800 =

25) 8 × 900 =

26) 4 × 300 =

27) 10 × 700 =

28) 8 × 800 =

29) 7 × 500 =

30) 2 × 400 =

Name: —————————— Date: ——————

| Day 28 | Multiply by whole hundreds |

Find the product

1) 1 × 200 =

2) 5 × 900 =

3) 9 × 400 =

4) 11 × 600 =

5) 1 × 600 =

6) 5 × 800 =

7) 5 × 800 =

8) 7 × 900 =

9) 2 × 400 =

10) 5 × 200 =

11) 10 × 500 =

12) 11 × 400 =

13) 5 × 400 =

14) 4 × 400 =

15) 12 × 800 =

16) 4 × 200 =

17) 5 × 200 =

18) 9 × 500 =

19) 10 × 500 =

20) 7 × 700 =

21) 4 × 800 =

22) 12 × 600 =

23) 6 × 400 =

24) 3 × 200 =

25) 10 × 700 =

26) 3 × 100 =

27) 11 × 200 =

28) 10 × 500 =

29) 4 × 900 =

30) 8 × 300 =

Day 29 | **Divide by whole tens**

Time:
:

Score:
/

Find the quotient

1) 480 ÷ 60 =   2) 800 ÷ 20 =   3) 600 ÷ 60 =

4) 840 ÷ 70 =   5) 480 ÷ 30 =   6) 200 ÷ 50 =

7) 60 ÷ 60 =   8) 480 ÷ 60 =   9) 600 ÷ 50 =

10) 490 ÷ 70 =   11) 100 ÷ 10 =   12) 300 ÷ 60 =

13) 280 ÷ 70 =   14) 880 ÷ 80 =   15) 280 ÷ 40 =

16) 390 ÷ 30 =   17) 680 ÷ 40 =   18) 700 ÷ 70 =

19) 780 ÷ 30 =   20) 640 ÷ 80 =   21) 70 ÷ 70 =

22) 800 ÷ 50 =   23) 180 ÷ 60 =   24) 690 ÷ 30 =

25) 140 ÷ 70 =   26) 800 ÷ 40 =   27) 600 ÷ 20 =

28) 200 ÷ 10 =   29) 600 ÷ 20 =   30) 300 ÷ 20 =

Name: —————————————— Date: ——————

Time:

:

Score:

/

Day 30 | **Divide by whole tens**

Find the quotient

1) $480 \div 60 =$

2) $70 \div 70 =$

3) $400 \div 50 =$

4) $240 \div 80 =$

5) $180 \div 30 =$

6) $400 \div 80 =$

7) $780 \div 30 =$

8) $480 \div 60 =$

9) $900 \div 50 =$

10) $90 \div 30 =$

11) $480 \div 80 =$

12) $640 \div 80 =$

13) $600 \div 60 =$

14) $70 \div 70 =$

15) $480 \div 80 =$

16) $700 \div 70 =$

17) $600 \div 60 =$

18) $200 \div 20 =$

19) $200 \div 10 =$

20) $300 \div 20 =$

21) $480 \div 40 =$

22) $700 \div 70 =$

23) $800 \div 10 =$

24) $560 \div 80 =$

25) $200 \div 20 =$

26) $660 \div 60 =$

27) $660 \div 60 =$

28) $480 \div 80 =$

29) $500 \div 10 =$

30) $300 \div 30 =$

Name: —————————— Date: ———————

Time:

:

Score:

/

Find the quotient

1) $6\,000 \div 200 =$

2) $7\,000 \div 500 =$

3) $3\,000 \div 500 =$

4) $2\,100 \div 700 =$

5) $5\,600 \div 400 =$

6) $1\,600 \div 800 =$

7) $8\,100 \div 300 =$

8) $7\,200 \div 900 =$

9) $5\,600 \div 800 =$

10) $5\,700 \div 100 =$

11) $4\,800 \div 800 =$

12) $5\,500 \div 500 =$

13) $9\,000 \div 300 =$

14) $1\,800 \div 600 =$

15) $7\,800 \div 300 =$

16) $7\,200 \div 900 =$

17) $8\,000 \div 800 =$

18) $4\,800 \div 800 =$

19) $7\,600 \div 200 =$

20) $4\,200 \div 700 =$

21) $4\,200 \div 700 =$

22) $4\,200 \div 100 =$

Day 32 **Divide by whole hundreds**

Find the quotient

1) 8 500 ÷ 500 =

2) 7 000 ÷ 200 =

3) 2 700 ÷ 100 =

4) 3 500 ÷ 500 =

5) 7 200 ÷ 800 =

6) 8 100 ÷ 900 =

7) 2 400 ÷ 400 =

8) 2 400 ÷ 300 =

9) 1 600 ÷ 800 =

10) 8 100 ÷ 900 =

11) 4 000 ÷ 800 =

12) 8 700 ÷ 300 =

13) 7 500 ÷ 500 =

14) 5 600 ÷ 800 =

15) 5 200 ÷ 400 =

16) 8 800 ÷ 400 =

17) 9 300 ÷ 300 =

18) 8 400 ÷ 700 =

19) 7 200 ÷ 300 =

20) 7 200 ÷ 900 =

21) 4 200 ÷ 600 =

22) 2 700 ÷ 900 =

Name: ——————————— Date: ———————

Time:
:

Score:
/

Find the product

1)   831
    ×   5

2)   969
    ×   7

3)   102
    ×   8

4)   853
    ×   6

5)   925
    ×   9

6)   617
    ×   8

7)   415
    ×   4

8)   374
    ×   5

9)   584
    ×   5

10)   960
     ×   3

11)   289
     ×   8

12)   981
     ×   6

13)   743
     ×   2

14)   632
     ×   8

15)   636
     ×   8

16)   990
     ×   4

17)   357
     ×   9

18)   361
     ×   7

19)   749
     ×   9

20)   490
     ×   6

Time:
:

Score:
/

Day 34 **Multiply 3-digit numbers by 1-digit numbers**

Find the product

1) 184
    × 3

2) 918
    × 9

3) 919
    × 4

4) 783
    × 6

5) 409
    × 5

6) 584
    × 5

7) 429
    × 7

8) 724
    × 2

9) 935
    × 4

10) 631
     × 8

11) 232
     × 8

12) 139
     × 5

13) 537
     × 2

14) 759
     × 6

15) 483
     × 4

16) 846
     × 6

17) 606
     × 4

18) 934
     × 4

19) 897
     × 7

20) 655
     × 6

Name: —————————— Date: ————————

Time: :   Score: /

Find the product

1) 833
    × 2

2) 676
    × 5

3) 171
    × 6

4) 932
    × 9

5) 111
    × 8

6) 803
    × 6

7) 378
    × 5

8) 168
    × 4

9) 473
    × 5

10) 745
    × 3

11) 561
    × 4

12) 959
    × 5

13) 325
    × 4

14) 732
    × 7

15) 383
    × 7

16) 717
    × 2

17) 324
    × 8

18) 132
    × 8

19) 168
    × 1

20) 946
    × 7

Name: —————————— Date: ——————

Find the product

1) 385
  × 6

2) 171
  × 6

3) 979
  × 5

4) 573
  × 4

5) 487
  × 2

6) 246
  × 5

7) 418
  × 5

8) 304
  × 2

9) 961
  × 7

10) 810
  × 5

11) 559
  × 5

12) 378
  × 8

13) 849
  × 6

14) 698
  × 2

15) 777
  × 2

16) 641
  × 8

17) 510
  × 6

18) 267
  × 5

19) 818
  × 1

20) 838
  × 4

Name: —————————————— Date: ————————

Find the product

1) 268
   × 2

2) 314
   × 1

3) 407
   × 6

4) 825
   × 3

5) 744
   × 9

6) 529
   × 6

7) 162
   × 8

8) 450
   × 4

9) 608
   × 3

10) 970
    × 8

11) 910
    × 4

12) 919
    × 1

13) 917
    × 1

14) 156
    × 9

15) 573
    × 8

16) 416
    × 4

17) 726
    × 7

18) 117
    × 1

19) 577
    × 3

20) 280
    × 6

Name: —————————————— Date: ——————

Day 38 | Multiply 4-digit numbers by 1-digit numbers

Find the product

1)   8 098
    ×   2

2)   1 428
    ×   5

3)   7 460
    ×   2

4)   7 130
    ×   6

5)   4 429
    ×   3

6)   4 632
    ×   5

7)   4 436
    ×   4

8)   9 805
    ×   2

9)   5 271
    ×   3

10)   9 796
     ×   2

11)   7 734
     ×   4

12)   6 376
     ×   2

13)   6 952
     ×   9

14)   1 278
     ×   2

15)   5 100
     ×   4

16)   8 366
     ×   4

17)   5 520
     ×   4

18)   9 213
     ×   5

19)   9 317
     ×   3

20)   3 943
     ×   9

Day 39 **Multiply 4-digit numbers by 1-digit numbers**

Time:
:

Score:
/

Find the product

1)   8 032
   ×   4

2)   2 715
   ×   6

3)   1 768
   ×   9

4)   5 800
   ×   9

5)   1 373
   ×   7

6)   2 714
   ×   6

7)   2 639
   ×   3

8)   3 761
   ×   8

9)   7 570
   ×   6

10)   1 566
    ×   3

11)   2 711
    ×   7

12)   3 625
    ×   5

13)   3 713
    ×   7

14)   2 794
    ×   7

15)   9 080
    ×   8

16)   9 786
    ×   7

17)   9 569
    ×   2

18)   5 814
    ×   3

19)   3 297
    ×   6

20)   4 412
    ×   3

Name: —————————————— Date: ——————

Time:
:

Score:
/

Find the product

1)   8 542
   ×   1

2)   6 916
   ×   2

3)   8 054
   ×   4

4)   5 990
   ×   9

5)   8 428
   ×   7

6)   9 105
   ×   5

7)   6 538
   ×   5

8)   7 756
   ×   6

9)   1 792
   ×   8

10)   6 400
   ×   5

11)   5 318
   ×   3

12)   3 266
   ×   9

13)   8 594
   ×   3

14)   3 912
   ×   4

15)   9 103
   ×   3

16)   6 201
   ×   4

17)   5 180
   ×   4

18)   8 276
   ×   2

19)   7 935
   ×   3

20)   4 859
   ×   5

Day 41 | **Multiply 4-digit numbers by 1-digit numbers**

Find the product

1)   3 729
    ×   3

2)   7 598
    ×   4

3)   3 252
    ×   4

4)   8 503
    ×   7

5)   6 386
    ×   2

6)   7 872
    ×   1

7)   1 744
    ×   7

8)   5 606
    ×   3

9)   1 792
    ×   1

10)   8 091
     ×   4

11)   3 861
     ×   1

12)   3 493
     ×   6

13)   7 350
     ×   4

14)   3 513
     ×   8

15)   8 535
     ×   4

16)   4 606
     ×   2

17)   5 483
     ×   4

18)   3 107
     ×   2

19)   5 577
     ×   6

20)   6 432
     ×   8

Name: —————————— Date: ——————

Time:
:

Score:
/

Find the product

1) 3 886
   ×   2

2) 8 411
   ×   3

3) 1 574
   ×   1

4) 4 863
   ×   7

5) 6 634
   ×   3

6) 9 662
   ×   8

7) 4 454
   ×   4

8) 1 060
   ×   7

9) 5 567
   ×   6

10) 6 269
    ×   5

11) 1 675
    ×   3

12) 3 803
    ×   3

13) 4 067
    ×   2

14) 3 993
    ×   2

15) 9 075
    ×   5

16) 6 509
    ×   6

17) 1 996
    ×   4

18) 7 385
    ×   7

19) 9 825
    ×   5

20) 4 512
    ×   8

Name: —————————————— Date: ——————

Find the product

1) 63 053
  ×   2

2) 18 586
  ×   3

3) 59 814
  ×   5

4) 65 051
  ×   8

5) 98 598
  ×   3

6) 64 233
  ×   1

7) 64 100
  ×   7

8) 10 417
  ×   5

9) 42 062
  ×   8

10) 28 975
   ×   7

11) 66 290
   ×   5

12) 75 732
   ×   7

13) 11 665
   ×   3

14) 84 069
   ×   4

15) 14 244
   ×   6

16) 20 169
   ×   7

17) 71 400
   ×   3

18) 23 431
   ×   2

19) 47 665
   ×   6

20) 92 400
   ×   6

Name: —————————————— Date: ——————————

Day 44 | **Multiply 5-digit numbers by 1-digit numbers**

Time:
:

Score:
/

Find the product

1) 57 869
  ×   2

2) 33 086
  ×   5

3) 94 841
  ×   8

4) 35 953
  ×   6

5) 47 238
  ×   8

6) 39 688
  ×   7

7) 28 338
  ×   5

8) 61 773
  ×   2

9) 20 669
  ×   6

10) 79 273
   ×   7

11) 38 406
   ×   8

12) 20 809
   ×   1

13) 13 490
   ×   3

14) 39 138
   ×   7

15) 53 330
   ×   3

16) 73 593
   ×   6

17) 45 743
   ×   9

18) 90 719
   ×   8

19) 34 982
   ×   3

20) 12 918
   ×   9

Name: —————————————— Date: —————————

Find the product

1)   35 118
  ×   2

2)   69 872
  ×   7

3)   66 077
  ×   1

4)   73 990
  ×   6

5)   71 091
  ×   7

6)   47 723
  ×   6

7)   68 712
  ×   3

8)   76 891
  ×   1

9)   13 922
  ×   6

10)   28 884
  ×   6

11)   37 077
  ×   1

12)   18 403
  ×   8

13)   90 213
  ×   4

14)   66 042
  ×   9

15)   67 564
  ×   8

16)   55 087
  ×   7

17)   21 144
  ×   4

18)   72 725
  ×   8

19)   99 139
  ×   5

20)   35 299
  ×   4

Name: —————————— Date: ——————

Time:
:

Score:
/

Find the product

1) $\begin{array}{r} 41\,687 \\ \times \quad\quad 2 \\ \hline \end{array}$

2) $\begin{array}{r} 53\,494 \\ \times \quad\quad 6 \\ \hline \end{array}$

3) $\begin{array}{r} 77\,477 \\ \times \quad\quad 5 \\ \hline \end{array}$

4) $\begin{array}{r} 19\,859 \\ \times \quad\quad 6 \\ \hline \end{array}$

5) $\begin{array}{r} 10\,540 \\ \times \quad\quad 2 \\ \hline \end{array}$

6) $\begin{array}{r} 39\,631 \\ \times \quad\quad 2 \\ \hline \end{array}$

7) $\begin{array}{r} 83\,670 \\ \times \quad\quad 8 \\ \hline \end{array}$

8) $\begin{array}{r} 55\,932 \\ \times \quad\quad 8 \\ \hline \end{array}$

9) $\begin{array}{r} 54\,437 \\ \times \quad\quad 6 \\ \hline \end{array}$

10) $\begin{array}{r} 52\,528 \\ \times \quad\quad 2 \\ \hline \end{array}$

11) $\begin{array}{r} 47\,498 \\ \times \quad\quad 6 \\ \hline \end{array}$

12) $\begin{array}{r} 50\,917 \\ \times \quad\quad 9 \\ \hline \end{array}$

13) $\begin{array}{r} 82\,786 \\ \times \quad\quad 2 \\ \hline \end{array}$

14) $\begin{array}{r} 28\,116 \\ \times \quad\quad 8 \\ \hline \end{array}$

15) $\begin{array}{r} 18\,488 \\ \times \quad\quad 4 \\ \hline \end{array}$

16) $\begin{array}{r} 42\,523 \\ \times \quad\quad 6 \\ \hline \end{array}$

17) $\begin{array}{r} 59\,311 \\ \times \quad\quad 4 \\ \hline \end{array}$

18) $\begin{array}{r} 35\,126 \\ \times \quad\quad 2 \\ \hline \end{array}$

19) $\begin{array}{r} 10\,660 \\ \times \quad\quad 7 \\ \hline \end{array}$

20) $\begin{array}{r} 29\,218 \\ \times \quad\quad 3 \\ \hline \end{array}$

Name: ――――――――――― Date: ―――――

Find the product

1)   49 759
×   9

2)   73 283
×   9

3)   37 364
×   5

4)   18 227
×   2

5)   38 947
×   4

6)   24 257
×   4

7)   25 896
×   8

8)   12 842
×   6

9)   12 371
×   4

10)   47 469
×   8

11)   15 704
×   5

12)   80 275
×   5

13)   58 204
×   7

14)   29 172
×   1

15)   50 108
×   3

16)   41 517
×   5

17)   13 907
×   9

18)   48 262
×   9

19)   36 909
×   1

20)   28 405
×   8

Name: ———————————— Date: ————————

Time: :

Score: /

Find the product

1)   86
   × 22

2)   24
   × 56

3)   11
   × 35

4)   60
   × 47

5)   21
   × 40

6)   64
   × 38

7)   57
   × 59

8)   29
   × 12

9)   14
   × 93

10)   33
   × 90

11)   94
   × 16

12)   51
   × 20

13)   90
   × 68

14)   17
   × 58

15)   84
   × 83

16)   38
   × 57

17)   77
   × 42

18)   69
   × 66

19)   82
   × 85

20)   90
   × 24

Name: —————————————— Date: ——————

Day 49 | **Multiply 2-digit numbers by 2-digit numbers**

Time:
:

Score:
/

Find the product

1) 65
  × 92

2) 78
  × 53

3) 66
  × 94

4) 22
  × 37

5) 55
  × 34

6) 21
  × 53

7) 69
  × 92

8) 44
  × 75

9) 20
  × 25

10) 18
  × 55

11) 32
  × 41

12) 70
  × 51

13) 21
  × 15

14) 98
  × 41

15) 46
  × 45

16) 44
  × 98

17) 74
  × 31

18) 71
  × 31

19) 66
  × 16

20) 37
  × 27

Day 50 | **Multiply 2-digit numbers by 2-digit numbers**

Time:

:

Score:

/

Find the product

1) 73
  × 81

2) 86
  × 24

3) 51
  × 50

4) 42
  × 61

5) 72
  × 13

6) 13
  × 96

7) 96
  × 69

8) 56
  × 93

9) 45
  × 47

10) 38
  × 22

11) 73
  × 47

12) 21
  × 33

13) 97
  × 97

14) 90
  × 15

15) 69
  × 50

16) 67
  × 80

17) 36
  × 67

18) 17
  × 74

19) 51
  × 97

20) 60
  × 15

Name: ———————————— Date: ————————

Find the product

1) 15 × 67	2) 56 × 95	3) 81 × 15	4) 49 × 69	5) 96 × 35

6) 10 × 52	7) 55 × 89	8) 18 × 68	9) 69 × 92	10) 65 × 93

11) 74 × 75	12) 85 × 96	13) 98 × 13	14) 34 × 76	15) 63 × 41

16) 30 × 72	17) 29 × 69	18) 64 × 19	19) 32 × 50	20) 21 × 18

Name: —————————————— Date: ——————————

Find the product

1)　　41
　　× 66

2)　　97
　　× 61

3)　　59
　　× 53

4)　　10
　　× 73

5)　　46
　　× 38

6)　　15
　　× 14

7)　　71
　　× 58

8)　　89
　　× 76

9)　　87
　　× 87

10)　　28
　　× 98

11)　　88
　　× 49

12)　　49
　　× 97

13)　　75
　　× 46

14)　　83
　　× 87

15)　　77
　　× 13

16)　　41
　　× 30

17)　　44
　　× 13

18)　　94
　　× 46

19)　　23
　　× 94

20)　　52
　　× 49

Name: ———————— Date: ————

Time:
:

Score:
/

Find the product

1)   129
   × 21

2)   719
   × 93

3)   304
   × 22

4)   538
   × 54

5)   114
   × 36

6)   106
   × 31

7)   548
   × 58

8)   945
   × 65

9)   949
   × 86

10)   379
    × 39

11)   275
    × 90

12)   842
    × 23

13)   857
    × 42

14)   323
    × 50

15)   906
    × 49

16)   953
    × 88

17)   957
    × 49

18)   309
    × 79

19)   104
    × 98

20)   774
    × 68

56

Name: ———————————— Date: ———————

Time:
:

Score:
/

Find the product

1)   533
  × 87

2)   652
  × 24

3)   345
  × 15

4)   133
  × 59

5)   642
  × 26

6)   650
  × 38

7)   477
  × 93

8)   724
  × 60

9)   910
  × 15

10)   672
  × 49

11)   653
  × 19

12)   821
  × 12

13)   762
  × 25

14)   648
  × 83

15)   374
  × 53

16)   981
  × 33

17)   618
  × 25

18)   598
  × 98

19)   237
  × 24

20)   140
  × 22

Time:
:

Score:
/

Day 55 | **Multiply 3-digit numbers by 2-digit numbers**

Find the product

1) 689
  × 95

2) 815
  × 61

3) 107
  × 30

4) 591
  × 14

5) 196
  × 73

6) 727
  × 25

7) 938
  × 29

8) 567
  × 42

9) 945
  × 85

10) 634
  × 95

11) 772
  × 78

12) 642
  × 49

13) 967
  × 31

14) 638
  × 10

15) 257
  × 34

16) 186
  × 54

17) 812
  × 90

18) 221
  × 12

19) 430
  × 98

20) 529
  × 53

Name: ———————————— Date: ———————

Time: : | Score: /

Find the product

1) 563
  × 80

2) 264
  × 79

3) 455
  × 16

4) 989
  × 21

5) 854
  × 87

6) 910
  × 32

7) 724
  × 98

8) 337
  × 86

9) 861
  × 41

10) 844
  × 53

11) 916
  × 94

12) 340
  × 93

13) 303
  × 55

14) 777
  × 80

15) 727
  × 26

16) 343
  × 69

17) 561
  × 37

18) 194
  × 65

19) 151
  × 82

20) 183
  × 35

Name: ———————————— Date: ————————

Day 57 | Multiply 3-digit numbers by 2-digit numbers

Time: :   Score: /

Find the product

1) 181
× 57

2) 533
× 90

3) 284
× 51

4) 570
× 16

5) 540
× 21

6) 366
× 40

7) 455
× 50

8) 131
× 75

9) 282
× 34

10) 924
× 26

11) 776
× 83

12) 918
× 86

13) 463
× 57

14) 382
× 19

15) 375
× 21

16) 821
× 96

17) 452
× 92

18) 939
× 63

19) 710
× 35

20) 221
× 42

Name: —————————————————— Date: ——————————

Time:
:

Score:
/

Find the product

1) 6 210
  × 76

2) 6 036
  × 16

3) 8 722
  × 22

4) 5 486
  × 68

5) 8 294
  × 38

6) 2 980
  × 81

7) 4 210
  × 10

8) 6 439
  × 71

9) 7 145
  × 19

10) 8 786
  × 27

11) 7 365
  × 64

12) 8 511
  × 91

13) 8 845
  × 36

14) 7 619
  × 33

15) 7 706
  × 16

16) 1 714
  × 74

17) 7 713
  × 97

18) 6 006
  × 47

19) 2 088
  × 58

20) 8 344
  × 19

Name: —————————————— Date: ——————

Time:
:

Score:

Find the product

1)   2 822
  ×   61

2)   1 439
  ×   94

3)   4 890
  ×   51

4)   3 158
  ×   69

5)   5 250
  ×   37

6)   2 995
  ×   68

7)   9 532
  ×   18

8)   8 877
  ×   30

9)   2 782
  ×   47

10)   6 390
   ×   63

11)   5 191
   ×   84

12)   6 797
   ×   36

13)   7 578
   ×   58

14)   4 040
   ×   69

15)   6 401
   ×   43

16)   8 944
   ×   71

17)   8 596
   ×   35

18)   3 653
   ×   37

19)   1 928
   ×   57

20)   9 217
   ×   82

Day 60 **Multiply 4-digit numbers by 2-digit numbers**

Time:
:

Score:
/

Find the product

1)   4 491   2)   8 595   3)   8 893   4)   6 440   5)   6 442
   ×   86   ×   28   ×   92   ×   84   ×   98

6)   2 799   7)   6 222   8)   2 539   9)   2 807   10)   5 118
   ×   48   ×   34   ×   35   ×   81   ×   32

11)   8 961   12)   1 826   13)   9 459   14)   9 026   15)   7 674
   ×   13   ×   43   ×   59   ×   40   ×   77

16)   1 415   17)   8 070   18)   5 889   19)   8 845   20)   9 136
   ×   53   ×   73   ×   97   ×   56   ×   10

Day 61 | **Multiply 4-digit numbers by 2-digit numbers**

Time:
:

Score:
/

Find the product

1) 2 557
 ×   72

2) 2 513
 ×   66

3) 9 791
 ×   61

4) 3 567
 ×   14

5) 9 992
 ×   71

6) 4 145
 ×   42

7) 9 373
 ×   13

8) 2 424
 ×   79

9) 6 285
 ×   72

10) 9 021
 ×   82

11) 5 960
 ×   47

12) 8 197
 ×   80

13) 2 151
 ×   88

14) 2 722
 ×   34

15) 2 137
 ×   80

16) 5 373
 ×   16

17) 4 863
 ×   17

18) 1 304
 ×   88

19) 3 873
 ×   17

20) 1 653
 ×   45

Name: ———————————— Date: ————————

Find the product

1)   2 983   2)   1 734   3)   1 282   4)   7 242   5)   3 527
    ×   15   ×   31   ×   77   ×   35   ×   35

6)   4 801   7)   8 081   8)   3 703   9)   8 612   10)   5 687
    ×   35   ×   31   ×   79   ×   75   ×   97

11)   2 241   12)   2 004   13)   9 632   14)   8 784   15)   7 572
    ×   89   ×   21   ×   46   ×   49   ×   69

16)   3 605   17)   1 704   18)   1 791   19)   1 365   20)   4 705
    ×   21   ×   19   ×   42   ×   52   ×   12

Name: ——————————— Date: ——————————

Find the quotient

1)
$2\overline{)145}$

2)
$7\overline{)677}$

3)
$3\overline{)234}$

4)
$5\overline{)435}$

5)
$2\overline{)224}$

6)
$2\overline{)683}$

7)
$4\overline{)960}$

8)
$4\overline{)762}$

9)
$5\overline{)953}$

10)
$1\overline{)396}$

11)
$7\overline{)807}$

12)
$2\overline{)680}$

13)
$6\overline{)907}$

14)
$8\overline{)118}$

15)
$5\overline{)879}$

16)
$4\overline{)829}$

Name: ———————————— Date: —————————

Day 64 | **Divide 3-digit numbers by 1-digit numbers**

Time:
:

Score:
/

Find the quotient

1)
$3 \overline{)669}$

2)
$6 \overline{)767}$

3)
$6 \overline{)834}$

4)
$8 \overline{)934}$

5)
$1 \overline{)578}$

6)
$6 \overline{)702}$

7)
$1 \overline{)959}$

8)
$4 \overline{)916}$

9)
$5 \overline{)976}$

10)
$5 \overline{)629}$

11)
$4 \overline{)583}$

12)
$1 \overline{)324}$

13)
$3 \overline{)456}$

14)
$2 \overline{)293}$

15)
$5 \overline{)683}$

16)
$6 \overline{)998}$

Name: —————————————— Date: ——————

Time:
:

Score:
/

Find the quotient

1) 3)919

2) 6)943

3) 2)980

4) 5)415

5) 4)795

6) 5)683

7) 7)955

8) 8)327

9) 9)976

10) 4)243

11) 5)405

12) 1)796

13) 8)104

14) 5)491

15) 7)562

16) 7)428

Name: ———————————— Date: ———————

Time:
:

Score:
/

Find the quotient

1)
$3\overline{)722}$

2)
$7\overline{)324}$

3)
$8\overline{)438}$

4)
$6\overline{)526}$

5)
$9\overline{)967}$

6)
$4\overline{)726}$

7)
$7\overline{)662}$

8)
$9\overline{)919}$

9)
$6\overline{)531}$

10)
$6\overline{)840}$

11)
$7\overline{)975}$

12)
$4\overline{)151}$

13)
$5\overline{)823}$

14)
$7\overline{)370}$

15)
$3\overline{)865}$

16)
$2\overline{)889}$

Day 67 | **Divide 3-digit numbers by 1-digit numbers**

Find the quotient.

1)
5)191‾

2)
5)874‾

3)
2)708‾

4)
9)848‾

5)
3)658‾

6)
1)277‾

7)
2)726‾

8)
2)189‾

9)
7)335‾

10)
2)870‾

11)
6)707‾

12)
9)936‾

13)
6)428‾

14)
9)954‾

15)
3)111‾

16)
2)221‾

Name: —————————— **Date:** ——————

Time: :

Score: /

Find the quotient

1)
$$3\overline{)2\ 653}$$

2)
$$2\overline{)7\ 308}$$

3)
$$8\overline{)6\ 321}$$

4)
$$5\overline{)9\ 978}$$

5)
$$7\overline{)4\ 496}$$

6)
$$5\overline{)6\ 812}$$

7)
$$8\overline{)3\ 106}$$

8)
$$3\overline{)6\ 135}$$

9)
$$2\overline{)4\ 107}$$

10)
$$1\overline{)6\ 356}$$

11)
$$6\overline{)8\ 607}$$

12)
$$5\overline{)7\ 994}$$

13)
$$6\overline{)5\ 122}$$

14)
$$4\overline{)8\ 452}$$

15)
$$3\overline{)1\ 536}$$

16)
$$4\overline{)8\ 097}$$

71

Name: —————————————— Date: ———————

Find the quotient

1)
$$3\overline{)2\ 960}$$

2)
$$7\overline{)8\ 199}$$

3)
$$6\overline{)1\ 966}$$

4)
$$2\overline{)2\ 527}$$

5)
$$5\overline{)3\ 955}$$

6)
$$6\overline{)4\ 634}$$

7)
$$5\overline{)1\ 132}$$

8)
$$3\overline{)4\ 990}$$

9)
$$3\overline{)7\ 049}$$

10)
$$5\overline{)3\ 507}$$

11)
$$2\overline{)1\ 505}$$

12)
$$4\overline{)9\ 131}$$

13)
$$3\overline{)9\ 432}$$

14)
$$6\overline{)4\ 189}$$

15)
$$4\overline{)2\ 049}$$

16)
$$3\overline{)9\ 748}$$

Name: ———————————— Date: ————————

Day 70 | **Divide 4-digit numbers by 1-digit numbers**

Time:
:

Score:
/

Find the quotient

1)
2)9 540

2)
9)1 428

3)
6)4 569

4)
5)4 186

5)
6)7 392

6)
3)7 896

7)
2)9 438

8)
7)4 674

9)
2)6 334

10)
7)2 752

11)
4)2 018

12)
2)6 147

13)
3)6 309

14)
8)4 603

15)
5)4 901

16)
7)9 715

73

Name: —————————————— Date: ———————

Time: :   Score: /

Find the quotient

1)
$$2\overline{)5\ 658}$$

2)
$$2\overline{)1\ 661}$$

3)
$$3\overline{)9\ 753}$$

4)
$$6\overline{)1\ 579}$$

5)
$$4\overline{)3\ 496}$$

6)
$$3\overline{)8\ 324}$$

7)
$$2\overline{)9\ 745}$$

8)
$$6\overline{)8\ 877}$$

9)
$$5\overline{)1\ 411}$$

10)
$$4\overline{)8\ 740}$$

11)
$$2\overline{)3\ 031}$$

12)
$$5\overline{)6\ 385}$$

13)
$$6\overline{)4\ 575}$$

14)
$$3\overline{)8\ 945}$$

15)
$$1\overline{)3\ 028}$$

16)
$$4\overline{)7\ 342}$$

Name: —————————— Date: ——————

Time: Score:
:

Find the quotient

1) $7\overline{)5\ 863}$

2) $3\overline{)4\ 364}$

3) $6\overline{)9\ 312}$

4) $4\overline{)6\ 078}$

5) $7\overline{)4\ 347}$

6) $2\overline{)6\ 817}$

7) $8\overline{)2\ 347}$

8) $1\overline{)4\ 100}$

9) $1\overline{)7\ 368}$

10) $4\overline{)3\ 448}$

11) $8\overline{)1\ 058}$

12) $7\overline{)5\ 800}$

13) $2\overline{)4\ 466}$

14) $7\overline{)5\ 045}$

15) $2\overline{)4\ 939}$

16) $6\overline{)8\ 915}$

Time: : **Score:** /

Day 73 **Divide 5-digit numbers by 1-digit numbers**

Find the quotient

1) $3\overline{)15\ 143}$ 2) $1\overline{)71\ 525}$ 3) $2\overline{)96\ 957}$ 4) $8\overline{)43\ 450}$

5) $7\overline{)56\ 770}$ 6) $4\overline{)12\ 350}$ 7) $6\overline{)50\ 335}$ 8) $7\overline{)54\ 069}$

9) $9\overline{)21\ 616}$ 10) $6\overline{)58\ 314}$ 11) $7\overline{)86\ 690}$ 12) $2\overline{)79\ 363}$

13) $4\overline{)30\ 421}$ 14) $3\overline{)17\ 633}$ 15) $1\overline{)87\ 314}$ 16) $9\overline{)43\ 908}$

Name: —————————— Date: ——————

Find the quotient

1) 8) 40 010

2) 7) 34 277

3) 9) 22 729

4) 9) 76 972

5) 4) 95 564

6) 4) 27 992

7) 6) 81 647

8) 8) 39 737

9) 5) 34 937

10) 4) 57 793

11) 3) 97 870

12) 9) 47 125

13) 5) 60 137

14) 8) 30 733

15) 6) 61 930

16) 5) 20 642

Name: ———————————— Date: ——————

Time:
:

Score:
/

Find the quotient

1)
$5\overline{)33\ 441}$

2)
$5\overline{)57\ 554}$

3)
$2\overline{)24\ 097}$

4)
$2\overline{)42\ 494}$

5)
$3\overline{)19\ 123}$

6)
$6\overline{)76\ 536}$

7)
$6\overline{)27\ 963}$

8)
$9\overline{)66\ 324}$

9)
$8\overline{)80\ 400}$

10)
$5\overline{)15\ 612}$

11)
$2\overline{)99\ 920}$

12)
$6\overline{)94\ 473}$

13)
$7\overline{)18\ 291}$

14)
$5\overline{)29\ 810}$

15)
$8\overline{)62\ 183}$

16)
$2\overline{)21\ 360}$

Name: —————————————— Date: —————————

Find the quotient

1)
6 ⟌ 63 906

2)
2 ⟌ 88 197

3)
8 ⟌ 64 574

4)
6 ⟌ 15 942

5)
4 ⟌ 98 153

6)
8 ⟌ 48 318

7)
5 ⟌ 73 170

8)
6 ⟌ 69 396

9)
9 ⟌ 20 490

10)
5 ⟌ 59 078

11)
4 ⟌ 79 987

12)
3 ⟌ 18 339

13)
2 ⟌ 60 311

14)
5 ⟌ 42 733

15)
7 ⟌ 91 890

16)
9 ⟌ 49 314

Name: —————————————— Date: ——————

Time:
:

Score:
/

Find the quotient

1)
$3 \overline{)56\ 014}$

2)
$4 \overline{)74\ 642}$

3)
$9 \overline{)90\ 753}$

4)
$2 \overline{)85\ 988}$

5)
$7 \overline{)65\ 916}$

6)
$3 \overline{)53\ 144}$

7)
$9 \overline{)61\ 482}$

8)
$5 \overline{)71\ 440}$

9)
$3 \overline{)10\ 238}$

10)
$1 \overline{)35\ 533}$

11)
$7 \overline{)99\ 941}$

12)
$1 \overline{)80\ 245}$

13)
$4 \overline{)82\ 134}$

14)
$1 \overline{)90\ 659}$

15)
$7 \overline{)97\ 695}$

16)
$9 \overline{)89\ 922}$

Day 78 Divide 3-digit numbers by 2-digit numbers (No remainders)

Time:

:

Score:

/

Find the quotient

1) 44)616

2) 70)910

3) 10)300

4) 71)497

5) 61)488

6) 46)276

7) 88)704

8) 10)660

9) 42)924

10) 64)320

11) 22)484

12) 42)630

13) 31)775

14) 55)660

15) 34)136

16) 23)276

Name: —————————— Date: ——————

Find the quotient

1)
$$90\overline{)90}$$

2)
$$24\overline{)240}$$

3)
$$96\overline{)384}$$

4)
$$99\overline{)396}$$

5)
$$95\overline{)190}$$

6)
$$17\overline{)119}$$

7)
$$85\overline{)340}$$

8)
$$51\overline{)612}$$

9)
$$15\overline{)210}$$

10)
$$60\overline{)240}$$

11)
$$74\overline{)592}$$

12)
$$30\overline{)210}$$

13)
$$34\overline{)782}$$

14)
$$31\overline{)775}$$

15)
$$41\overline{)943}$$

16)
$$56\overline{)560}$$

Name: ———————————— Date: ——————————

Find the quotient

1) $13\overline{)104}$

2) $87\overline{)261}$

3) $52\overline{)832}$

4) $14\overline{)462}$

5) $24\overline{)192}$

6) $82\overline{)656}$

7) $96\overline{)96}$

8) $34\overline{)680}$

9) $62\overline{)558}$

10) $66\overline{)792}$

11) $61\overline{)915}$

12) $27\overline{)810}$

13) $40\overline{)560}$

14) $35\overline{)910}$

15) $41\overline{)328}$

16) $68\overline{)816}$

Name: —————————————— Date: ————————

Find the quotient

1)
$37\overline{)962}$

2)
$51\overline{)918}$

3)
$40\overline{)840}$

4)
$72\overline{)432}$

5)
$13\overline{)715}$

6)
$53\overline{)371}$

7)
$37\overline{)592}$

8)
$19\overline{)893}$

9)
$26\overline{)468}$

10)
$46\overline{)966}$

11)
$73\overline{)584}$

12)
$85\overline{)510}$

13)
$96\overline{)576}$

14)
$98\overline{)980}$

15)
$24\overline{)768}$

16)
$29\overline{)580}$

Name: —————————————— Date: ——————

Time: :   Score: /

Find the quotient

1)
$$94\overline{)846}$$

2)
$$36\overline{)756}$$

3)
$$19\overline{)190}$$

4)
$$58\overline{)116}$$

5)
$$84\overline{)840}$$

6)
$$82\overline{)820}$$

7)
$$25\overline{)400}$$

8)
$$77\overline{)539}$$

9)
$$62\overline{)372}$$

10)
$$21\overline{)189}$$

11)
$$87\overline{)783}$$

12)
$$18\overline{)486}$$

13)
$$83\overline{)83}$$

14)
$$47\overline{)611}$$

15)
$$55\overline{)220}$$

16)
$$22\overline{)836}$$

Name: ——————————— Date: ———————

Find the quotient

1) $75\overline{)782}$

2) $20\overline{)465}$

3) $52\overline{)414}$

4) $11\overline{)371}$

5) $85\overline{)954}$

6) $84\overline{)349}$

7) $16\overline{)792}$

8) $13\overline{)127}$

9) $19\overline{)146}$

10) $27\overline{)599}$

11) $53\overline{)400}$

12) $13\overline{)977}$

13) $73\overline{)740}$

14) $18\overline{)180}$

15) $79\overline{)257}$

16) $49\overline{)715}$

Name: _____ Date: _____

Time:
:

Score:
/

Find the quotient

1)
71)630

2)
32)629

3)
19)277

4)
34)727

5)
27)116

6)
93)347

7)
93)573

8)
21)832

9)
44)204

10)
81)983

11)
88)333

12)
52)696

13)
71)556

14)
63)315

15)
45)940

16)
52)500

Day 85 | Divide 3-digit numbers by 2-digit numbers (with remainders)

Time:
:

Score:
/

Find the quotient.

1)
$67\overline{)907}$

2)
$41\overline{)855}$

3)
$86\overline{)551}$

4)
$38\overline{)607}$

5)
$88\overline{)882}$

6)
$98\overline{)368}$

7)
$84\overline{)447}$

8)
$30\overline{)750}$

9)
$27\overline{)324}$

10)
$59\overline{)402}$

11)
$64\overline{)751}$

12)
$95\overline{)920}$

13)
$29\overline{)241}$

14)
$27\overline{)582}$

15)
$34\overline{)657}$

16)
$60\overline{)427}$

Name: _____ Date: _____

Find the quotient

1) 61)751

2) 74)468

3) 22)674

4) 88)479

5) 90)235

6) 81)368

7) 22)736

8) 12)927

9) 27)801

10) 83)674

11) 92)952

12) 32)666

13) 64)977

14) 91)905

15) 84)840

16) 99)403

Name: ———————————— Date: ———————

Find the quotient

1) $19\overline{)364}$

2) $47\overline{)524}$

3) $54\overline{)490}$

4) $29\overline{)600}$

5) $16\overline{)568}$

6) $73\overline{)376}$

7) $59\overline{)957}$

8) $57\overline{)688}$

9) $71\overline{)271}$

10) $46\overline{)300}$

11) $51\overline{)272}$

12) $80\overline{)279}$

13) $30\overline{)748}$

14) $82\overline{)556}$

15) $71\overline{)773}$

16) $34\overline{)461}$

Day 88   Divide 4-digit numbers by 2-digit numbers (No remainders)

Time:
:

Score:
/

Find the quotient

1) 48) 2 496

2) 86) 8 600

3) 50) 5 350

4) 95) 3 990

5) 54) 2 538

6) 43) 8 944

7) 72) 9 864

8) 41) 5 002

9) 12) 1 668

10) 23) 9 614

11) 21) 7 539

12) 38) 2 660

13) 24) 1 008

14) 54) 5 346

15) 78) 1 248

16) 11) 3 355

Name: ——————————————— **Date:** ——————

Find the quotient

1)
$$29 \overline{)8\ 874}$$

2)
$$91 \overline{)3\ 003}$$

3)
$$74 \overline{)6\ 142}$$

4)
$$79 \overline{)4\ 898}$$

5)
$$57 \overline{)6\ 726}$$

6)
$$65 \overline{)6\ 240}$$

7)
$$98 \overline{)5\ 684}$$

8)
$$89 \overline{)1\ 068}$$

9)
$$55 \overline{)2\ 365}$$

10)
$$47 \overline{)8\ 695}$$

11)
$$82 \overline{)3\ 362}$$

12)
$$17 \overline{)2\ 771}$$

13)
$$54 \overline{)8\ 370}$$

14)
$$64 \overline{)9\ 792}$$

15)
$$60 \overline{)6\ 060}$$

16)
$$86 \overline{)4\ 644}$$

Name: ———————————— Date: ———————

Time:
:

Score:
/

Find the quotient

1) 49$\overline{)1\,568}$

2) 75$\overline{)4\,050}$

3) 87$\overline{)9\,918}$

4) 16$\overline{)4\,528}$

5) 74$\overline{)3\,034}$

6) 26$\overline{)5\,330}$

7) 49$\overline{)8\,428}$

8) 78$\overline{)4\,212}$

9) 59$\overline{)6\,372}$

10) 50$\overline{)6\,350}$

11) 76$\overline{)8\,360}$

12) 80$\overline{)3\,040}$

13) 92$\overline{)4\,876}$

14) 28$\overline{)9\,828}$

15) 48$\overline{)6\,528}$

16) 77$\overline{)8\,316}$

Name: ———————— Date: ——————

Time: :

Score: /

Find the quotient

1) 18⟌3 582

2) 62⟌4 774

3) 73⟌5 694

4) 76⟌1 292

5) 45⟌6 795

6) 61⟌976

7) 98⟌7 742

8) 14⟌3 934

9) 85⟌8 840

10) 76⟌2 964

11) 79⟌7 189

12) 38⟌5 396

13) 45⟌9 405

14) 73⟌3 139

15) 46⟌3 634

16) 40⟌9 080

Name: —————————— **Date:** ——————

Time:

:

Score:

/

Find the quotient

1)   64⟌8 192

2)   16⟌1 904

3)   95⟌9 595

4)   59⟌2 183

5)   36⟌2 556

6)   41⟌4 141

7)   24⟌4 464

8)   16⟌1 520

9)   55⟌2 475

10)   13⟌8 658

11)   97⟌1 649

12)   48⟌4 752

13)   62⟌5 146

14)   57⟌1 311

15)   81⟌3 807

16)   16⟌4 784

Name: ——————————— Date: ———————

Time: :

Score: /

Find the quotient.

1)
$$38\overline{)7\,315}$$

2)
$$12\overline{)4\,639}$$

3)
$$63\overline{)9\,649}$$

4)
$$27\overline{)1\,736}$$

5)
$$41\overline{)3\,417}$$

6)
$$27\overline{)1\,284}$$

7)
$$42\overline{)8\,748}$$

8)
$$76\overline{)7\,109}$$

9)
$$10\overline{)4\,068}$$

10)
$$81\overline{)3\,371}$$

11)
$$80\overline{)5\,912}$$

12)
$$55\overline{)2\,437}$$

13)
$$68\overline{)9\,339}$$

14)
$$23\overline{)1\,729}$$

15)
$$98\overline{)7\,498}$$

16)
$$88\overline{)8\,531}$$

Day 94 | Divide 4-digit numbers by 2-digit numbers (with remainders)

Time: :   Score: /

Find the quotient

1)
$18\overline{)9\ 904}$

2)
$93\overline{)1\ 802}$

3)
$57\overline{)4\ 539}$

4)
$83\overline{)6\ 193}$

5)
$23\overline{)1\ 189}$

6)
$31\overline{)8\ 172}$

7)
$89\overline{)4\ 667}$

8)
$31\overline{)8\ 564}$

9)
$58\overline{)5\ 839}$

10)
$46\overline{)2\ 984}$

11)
$41\overline{)7\ 765}$

12)
$52\overline{)2\ 157}$

13)
$34\overline{)7\ 306}$

14)
$40\overline{)8\ 651}$

15)
$67\overline{)9\ 830}$

16)
$22\overline{)8\ 505}$

Day 95 | Divide 4-digit numbers by 2-digit numbers (with remainders)

Time:
:

Score:
/

Find the quotient

1)
$$30\overline{)9\,941}$$

2)
$$26\overline{)7\,790}$$

3)
$$39\overline{)9\,827}$$

4)
$$33\overline{)8\,667}$$

5)
$$16\overline{)4\,538}$$

6)
$$60\overline{)2\,093}$$

7)
$$48\overline{)5\,252}$$

8)
$$17\overline{)7\,070}$$

9)
$$40\overline{)9\,680}$$

10)
$$77\overline{)5\,992}$$

11)
$$74\overline{)6\,395}$$

12)
$$13\overline{)4\,708}$$

13)
$$17\overline{)2\,655}$$

14)
$$21\overline{)2\,497}$$

15)
$$91\overline{)2\,342}$$

16)
$$63\overline{)1\,150}$$

Name: —————————————— Date: ——————

Day 96 | Divide 4-digit numbers by 2-digit numbers (with remainders)

Time:
:

Score:
/

Find the quotient.

1) 57)3 439

2) 25)1 739

3) 84)7 366

4) 88)2 265

5) 36)8 540

6) 85)6 137

7) 94)5 806

8) 84)1 309

9) 76)5 360

10) 32)3 687

11) 19)2 566

12) 99)7 741

13) 40)3 078

14) 91)5 972

15) 28)2 824

16) 74)2 824

Name: —————————————— Date: ——————

| Day 97 | Divide 4-digit numbers by 2-digit numbers (with remainders) |

Time: :   Score: /

Find the quotient.

1) $63\overline{)8\,519}$

2) $52\overline{)1\,518}$

3) $92\overline{)6\,828}$

4) $15\overline{)7\,263}$

5) $81\overline{)4\,805}$

6) $85\overline{)6\,233}$

7) $23\overline{)7\,946}$

8) $75\overline{)3\,610}$

9) $35\overline{)5\,549}$

10) $90\overline{)1\,342}$

11) $97\overline{)6\,590}$

12) $94\overline{)1\,207}$

13) $51\overline{)6\,859}$

14) $14\overline{)6\,618}$

15) $92\overline{)1\,695}$

16) $36\overline{)3\,580}$

A) List the factors for each number.

1) 6 _____   2) 4 _____

3) 31 _____   4) 59 _____

5) 8 _____   6) 55 _____

7) 12 _____   8) 3 _____

9) 85 _____   10) 86 _____

B) List 5 multiples for each number.

1) 78 _____   2) 2 _____

3) 8 _____   4) 5 _____

5) 12 _____   6) 65 _____

7) 90 _____   8) 99 _____

C) List the prime factors for each number. Is the number prime?

1) 1 = _____   2) 84 = _____

3) 6 = _____   4) 3 = _____

5) 78 = _____   6) 9 = _____

7) 91 = _____   8) 82 = _____

Name: —————————— Date: ——————

Day 99 | **Factors, multiples and prime numbers**

Time:

:

Score:

/

For these numbers find the greatest common factor.

Common factor

1) 26 _____ ___
    64 _____

2) 91 _____ ___
    14 _____

3) 84 _____ ___
    21 _____

4) 70 _____ ___
    14 _____

5) 98 _____ ___
    84 _____

6) 12 _____ ___
    84 _____

7) 22 _____ ___
    88 _____

8) 72 _____ ___
    60 _____

Day 100 | Factors, multiples and prime numbers

For these numbers find the lowest common multiple.   Common multiple

1) 11 _____   ____
    7   _____

2) 8   _____   ____
    10 _____

3) 12 _____   ____
    4   _____

4) 12 _____   ____
    8   _____

5) 9   _____   ____
    7   _____

6) 12 _____   ____
    7   _____

7) 10 _____   ____
    8   _____

8) 11 _____   ____
    12 _____

Day 101 | **Factors, multiples and prime numbers**

Time: :

Score: /

For these numbers find the greatest common factor.

1) 22 _____ __
   77 _____

2) 44 _____ __
   55 _____

3) 39 _____ __
   21 _____

4) 55 _____ __
   90 _____

5) 35 _____ __
   42 _____

6) 16 _____ __
   30 _____

For these numbers find the lowest common multiple.

1) 8 _____ __
   12 _____

2) 12 _____ __
   6 _____

3) 7 _____ __
   6 _____

4) 3 _____ __
   7 _____

5) 6 _____ __
   4 _____

Name: ───────────── Date: ─────────

Time:
:

Score:
/

List the prime factors for each number. Is the number prime?

1) 208 = _____

2) 176 = _____

3) 243 = _____

4) 129 = _____

5) 283 = _____

6) 161 = _____

7) 299 = _____

8) 215 = _____

9) 234 = _____

10) 140 = _____

11) 253 = _____

12) 202 = _____

13) 298 = _____

14) 224 = _____

15) 295 = _____

16) 125 = _____

17) 117 = _____

18) 270 = _____

Answers

Day 1

1) $3 \times 4 = 12$
2) $6 \times 10 = 60$
3) $9 \times 9 = 81$
4) $3 \times 3 = 9$
5) $10 \times 10 = 100$
6) $3 \times 9 = 27$
7) $6 \times 6 = 36$
8) $10 \times 3 = 30$
9) $8 \times 12 = 96$
10) $11 \times 2 = 22$
11) $5 \times 2 = 10$
12) $6 \times 1 = 6$
13) $10 \times 2 = 20$
14) $8 \times 10 = 80$
15) $10 \times 6 = 60$
16) $4 \times 10 = 40$
17) $2 \times 8 = 16$
18) $10 \times 4 = 40$
19) $12 \times 7 = 84$
20) $10 \times 5 = 50$
21) $2 \times 6 = 12$
22) $7 \times 11 = 77$
23) $4 \times 12 = 48$
24) $10 \times 7 = 70$
25) $7 \times 6 = 42$
26) $8 \times 2 = 16$
27) $7 \times 2 = 14$
28) $12 \times 8 = 96$
29) $2 \times 5 = 10$
30) $4 \times 4 = 16$
31) $7 \times 5 = 35$
32) $9 \times 7 = 63$
33) $4 \times 2 = 8$
34) $2 \times 7 = 14$
35) $1 \times 11 = 11$
36) $7 \times 7 = 49$

Day 2

1) $7 \times 3 = 21$
2) $3 \times 5 = 15$
3) $11 \times 12 = 132$
4) $2 \times 12 = 24$
5) $9 \times 11 = 99$
6) $11 \times 9 = 99$
7) $12 \times 3 = 36$
8) $5 \times 9 = 45$
9) $10 \times 9 = 90$
10) $7 \times 1 = 7$
11) $5 \times 3 = 15$
12) $8 \times 12 = 96$
13) $2 \times 11 = 22$
14) $10 \times 2 = 20$
15) $5 \times 5 = 25$
16) $8 \times 7 = 56$
17) $10 \times 10 = 100$
18) $9 \times 7 = 63$
19) $1 \times 12 = 12$
20) $9 \times 1 = 9$
21) $3 \times 7 = 21$
22) $3 \times 9 = 27$
23) $6 \times 1 = 6$
24) $10 \times 3 = 30$
25) $7 \times 6 = 42$
26) $11 \times 7 = 77$
27) $7 \times 12 = 84$
28) $9 \times 4 = 36$
29) $7 \times 4 = 28$
30) $4 \times 1 = 4$
31) $3 \times 11 = 33$
32) $8 \times 5 = 40$
33) $4 \times 5 = 20$
34) $11 \times 3 = 33$
35) $6 \times 10 = 60$
36) $8 \times 10 = 80$

Day 3

1) $6 \times 8 = 48$
2) $4 \times 11 = 44$
3) $9 \times 10 = 90$
4) $5 \times 3 = 15$
5) $9 \times 5 = 45$
6) $1 \times 8 = 8$
7) $7 \times 10 = 70$
8) $8 \times 5 = 40$
9) $2 \times 6 = 12$
10) $2 \times 7 = 14$
11) $10 \times 5 = 50$
12) $1 \times 9 = 9$
13) $4 \times 7 = 28$
14) $10 \times 4 = 40$
15) $2 \times 1 = 2$
16) $4 \times 6 = 24$
17) $9 \times 2 = 18$
18) $11 \times 10 = 110$
19) $9 \times 1 = 9$
20) $4 \times 4 = 16$
21) $6 \times 4 = 24$
22) $8 \times 11 = 88$
23) $5 \times 2 = 10$
24) $3 \times 1 = 3$
25) $3 \times 4 = 12$
26) $9 \times 7 = 63$
27) $8 \times 2 = 16$
28) $8 \times 7 = 56$
29) $8 \times 3 = 24$
30) $1 \times 2 = 2$
31) $2 \times 9 = 18$
32) $11 \times 6 = 66$
33) $2 \times 11 = 22$
34) $2 \times 8 = 16$
35) $9 \times 3 = 27$
36) $5 \times 10 = 50$

Day 4

1) $18 \div 2 = 9$
2) $10 \div 1 = 10$
3) $77 \div 7 = 11$
4) $40 \div 4 = 10$
5) $10 \div 5 = 2$
6) $88 \div 8 = 11$
7) $18 \div 3 = 6$
8) $12 \div 3 = 4$
9) $15 \div 3 = 5$
10) $32 \div 8 = 4$
11) $21 \div 3 = 7$
12) $50 \div 5 = 10$
13) $64 \div 8 = 8$
14) $55 \div 5 = 11$
15) $12 \div 2 = 6$
16) $24 \div 2 = 12$
17) $66 \div 6 = 11$
18) $20 \div 2 = 10$
19) $8 \div 2 = 4$
20) $24 \div 6 = 4$
21) $15 \div 5 = 3$
22) $42 \div 6 = 7$
23) $72 \div 6 = 12$
24) $42 \div 7 = 6$
25) $4 \div 2 = 2$
26) $99 \div 9 = 11$
27) $24 \div 4 = 6$
28) $16 \div 8 = 2$
29) $72 \div 8 = 9$
30) $60 \div 5 = 12$
31) $27 \div 3 = 9$
32) $84 \div 7 = 12$
33) $20 \div 5 = 4$
34) $90 \div 9 = 10$
35) $40 \div 8 = 5$
36) $7 \div 7 = 1$

Day 5

1) $16 \div 4 = 4$
2) $42 \div 6 = 7$
3) $32 \div 4 = 8$
4) $45 \div 9 = 5$
5) $35 \div 5 = 7$
6) $66 \div 6 = 11$
7) $36 \div 4 = 9$
8) $33 \div 3 = 11$
9) $24 \div 8 = 3$
10) $60 \div 6 = 10$
11) $8 \div 2 = 4$
12) $72 \div 8 = 9$
13) $77 \div 7 = 11$
14) $18 \div 3 = 6$
15) $99 \div 9 = 11$
16) $8 \div 1 = 8$
17) $8 \div 8 = 1$
18) $72 \div 9 = 8$
19) $48 \div 8 = 6$
20) $30 \div 5 = 6$
21) $7 \div 1 = 7$
22) $30 \div 3 = 10$
23) $50 \div 5 = 10$
24) $12 \div 2 = 6$
25) $24 \div 2 = 12$
26) $12 \div 6 = 2$
27) $15 \div 3 = 5$
28) $55 \div 5 = 11$
29) $12 \div 4 = 3$
30) $12 \div 1 = 12$
31) $8 \div 4 = 2$
32) $14 \div 7 = 2$
33) $6 \div 6 = 1$
34) $22 \div 2 = 11$
35) $48 \div 4 = 12$
36) $63 \div 9 = 7$

Day 6

1) $18 \div 9 = 2$
2) $12 \div 6 = 2$
3) $66 \div 6 = 11$
4) $24 \div 4 = 6$
5) $50 \div 5 = 10$
6) $16 \div 4 = 4$
7) $24 \div 3 = 8$
8) $18 \div 3 = 6$
9) $60 \div 6 = 10$
10) $80 \div 8 = 10$
11) $33 \div 3 = 11$
12) $77 \div 7 = 11$
13) $44 \div 4 = 11$
14) $11 \div 1 = 11$
15) $63 \div 7 = 9$
16) $16 \div 2 = 8$
17) $20 \div 5 = 4$
18) $55 \div 5 = 11$
19) $88 \div 8 = 11$
20) $22 \div 2 = 11$

21) 42 ÷ 6 = 7   22) 40 ÷ 8 = 5   23) 36 ÷ 3 = 12   24) 24 ÷ 2 = 12
25) 10 ÷ 2 = 5   26) 64 ÷ 8 = 8   27) 28 ÷ 7 = 4   28) 2 ÷ 1 = 2
29) 12 ÷ 3 = 4   30) 20 ÷ 4 = 5   31) 30 ÷ 3 = 10   32) 70 ÷ 7 = 10
33) 35 ÷ 7 = 5   34) 56 ÷ 7 = 8   35) 20 ÷ 2 = 10   36) 49 ÷ 7 = 7

Day 7

1)

✗	7	10	12	2	1	4	8	5	11	9	6	3
6	42	60	72	12	6	24	48	30	66	54	36	18
8	56	80	96	16	8	32	64	40	88	72	48	24
10	70	100	120	20	10	40	80	50	110	90	60	30
12	84	120	144	24	12	48	96	60	132	108	72	36
4	28	40	48	8	4	16	32	20	44	36	24	12
1	7	10	12	2	1	4	8	5	11	9	6	3
2	14	20	24	4	2	8	16	10	22	18	12	6
5	35	50	60	10	5	20	40	25	55	45	30	15

2)

✗	7	8	2	3	10	4	9	11	5	12	6	1
12	84	96	24	36	120	48	108	132	60	144	72	12
3	21	24	6	9	30	12	27	33	15	36	18	3
4	28	32	8	12	40	16	36	44	20	48	24	4
1	7	8	2	3	10	4	9	11	5	12	6	1
6	42	48	12	18	60	24	54	66	30	72	36	6
8	56	64	16	24	80	32	72	88	40	96	48	8
5	35	40	10	15	50	20	45	55	25	60	30	5
2	14	16	4	6	20	8	18	22	10	24	12	2

Day 8

1)

✗	8	1	4	10	7	9	5	12	2	11	3	6
9	72	9	36	90	63	81	45	108	18	99	27	54
3	24	3	12	30	21	27	15	36	6	33	9	18
12	96	12	48	120	84	108	60	144	24	132	36	72
5	40	5	20	50	35	45	25	60	10	55	15	30
10	80	10	40	100	70	90	50	120	20	110	30	60
2	16	2	8	20	14	18	10	24	4	22	6	12
7	56	7	28	70	49	63	35	84	14	77	21	42
1	8	1	4	10	7	9	5	12	2	11	3	6

2)

✗	11	1	2	7	12	3	6	9	10	8	4	5
7	77	7	14	49	84	21	42	63	70	56	28	35
2	22	2	4	14	24	6	12	18	20	16	8	10
5	55	5	10	35	60	15	30	45	50	40	20	25
10	110	10	20	70	120	30	60	90	100	80	40	50
12	132	12	24	84	144	36	72	108	120	96	48	60
9	99	9	18	63	108	27	54	81	90	72	36	45
8	88	8	16	56	96	24	48	72	80	64	32	40
3	33	3	6	21	36	9	18	27	30	24	12	15

Day 9

1)

✗	10	12	2	7	5	6	3	4	9	11
12	120	144	24	84	60	72	36	48	108	132
3	30	36	6	21	15	18	9	12	27	33
6	60	72	12	42	30	36	18	24	54	66
9	90	108	18	63	45	54	27	36	81	99
10	100	120	20	70	50	60	30	40	90	110
11	110	132	22	77	55	66	33	44	99	121
7	70	84	14	49	35	42	21	28	63	77
2	20	24	4	14	10	12	6	8	18	22
1	10	12	2	7	5	6	3	4	9	11
4	40	48	8	28	20	24	12	16	36	44
8	80	96	16	56	40	48	24	32	72	88
5	50	60	10	35	25	30	15	20	45	55

Day 10

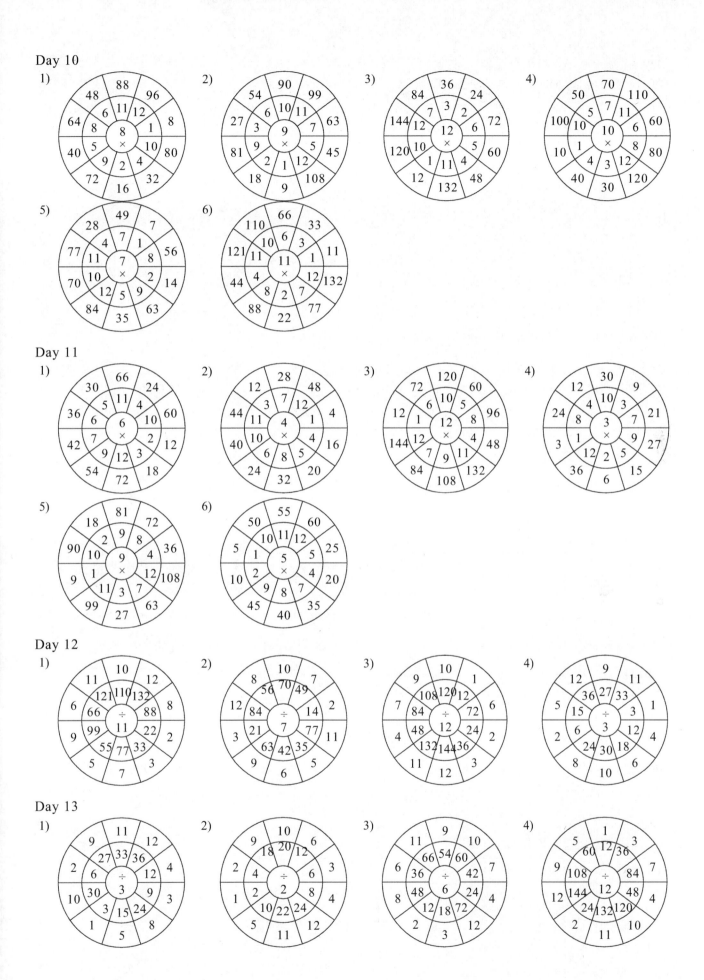

Day 14

1) $11 \times 3 = 33$ 2) $9 \times 9 = 81$ 3) $11 \times 4 = 44$ 4) $10 \times 10 = 100$ 5) $4 \times 7 = 28$

6) $10 \times 2 = 20$ 7) $11 \times 11 = 121$ 8) $10 \times 8 = 80$ 9) $9 \times 6 = 54$ 10) $6 \times 1 = 6$

11) $4 \times 11 = 44$ 12) $11 \times 7 = 77$ 13) $1 \times 10 = 10$ 14) $5 \times 11 = 55$ 15) $3 \times 11 = 33$

16) $10 \times 12 = 120$ 17) $2 \times 11 = 22$ 18) $5 \times 2 = 10$ 19) $10 \times 11 = 110$ 20) $5 \times 12 = 60$

21) $3 \times 7 = 21$ 22) $10 \times 5 = 50$

Day 15

1) $10 \times 12 = 120$ 2) $12 \times 8 = 96$ 3) $11 \times 2 = 22$ 4) $11 \times 7 = 77$ 5) $8 \times 12 = 96$

6) $11 \times 12 = 132$ 7) $8 \times 2 = 16$ 8) $4 \times 11 = 44$ 9) $11 \times 3 = 33$ 10) $10 \times 7 = 70$

11) $5 \times 4 = 20$ 12) $12 \times 7 = 84$ 13) $11 \times 6 = 66$ 14) $3 \times 11 = 33$ 15) $6 \times 10 = 60$

16) $11 \times 11 = 121$ 17) $12 \times 2 = 24$ 18) $2 \times 10 = 20$ 19) $11 \times 4 = 44$ 20) $10 \times 4 = 40$

21) $12 \times 6 = 72$ 22) $12 \times 11 = 132$

Day 16

1) $12 \times 10 = 120$ 2) $12 \times 1 = 12$ 3) $10 \times 12 = 120$ 4) $11 \times 12 = 132$ 5) $3 \times 6 = 18$

6) $3 \times 10 = 30$ 7) $5 \times 4 = 20$ 8) $6 \times 12 = 72$ 9) $5 \times 10 = 50$ 10) $10 \times 11 = 110$

11) $11 \times 11 = 121$ 12) $6 \times 11 = 66$ 13) $2 \times 11 = 22$ 14) $12 \times 3 = 36$ 15) $12 \times 12 = 144$

16) $10 \times 9 = 90$ 17) $11 \times 3 = 33$ 18) $5 \times 11 = 55$ 19) $10 \times 10 = 100$ 20) $5 \times 12 = 60$

21) $1 \times 11 = 11$ 22) $12 \times 11 = 132$

Day 17

1) $7 \times 11 = 77$ 2) $10 \times 11 = 110$ 3) $11 \times 10 = 110$ 4) $11 \times 5 = 55$ 5) $12 \times 10 = 120$

6) $11 \times 11 = 121$ 7) $11 \times 12 = 132$ 8) $11 \times 8 = 88$ 9) $12 \times 9 = 108$ 10) $10 \times 6 = 60$

11) $5 \times 6 = 30$ 12) $3 \times 11 = 33$ 13) $3 \times 9 = 27$ 14) $4 \times 5 = 20$ 15) $7 \times 5 = 35$

16) $7 \times 12 = 84$ 17) $2 \times 11 = 22$ 18) $8 \times 11 = 88$ 19) $10 \times 10 = 100$ 20) $7 \times 4 = 28$

21) $6 \times 3 = 18$ 22) $2 \times 2 = 4$

Day 18

1) $30 \div 3 = 10$ 2) $42 \div 6 = 7$ 3) $55 \div 5 = 11$ 4) $72 \div 8 = 9$ 5) $80 \div 8 = 10$

6) $32 \div 4 = 8$ 7) $12 \div 1 = 12$ 8) $16 \div 8 = 2$ 9) $108 \div 9 = 12$ 10) $36 \div 3 = 12$

11) $84 \div 7 = 12$ 12) $6 \div 3 = 2$ 13) $5 \div 5 = 1$ 14) $35 \div 5 = 7$ 15) $33 \div 3 = 11$

16) $11 \div 1 = 11$ 17) $36 \div 6 = 6$ 18) $24 \div 3 = 8$ 19) $8 \div 1 = 8$ 20) $8 \div 4 = 2$

21) $22 \div 2 = 11$ 22) $20 \div 2 = 10$

Day 19

1) $24 \div 2 = 12$ 2) $42 \div 7 = 6$ 3) $33 \div 3 = 11$ 4) $66 \div 6 = 11$ 5) $22 \div 2 = 11$

6) $60 \div 5 = 12$ 7) $24 \div 3 = 8$ 8) $21 \div 7 = 3$ 9) $99 \div 9 = 11$ 10) $40 \div 4 = 10$

11) $55 \div 5 = 11$ 12) $48 \div 4 = 12$ 13) $30 \div 3 = 10$ 14) $12 \div 2 = 6$ 15) $18 \div 3 = 6$

16) $16 \div 4 = 4$ 17) $35 \div 7 = 5$ 18) $6 \div 1 = 6$ 19) $10 \div 2 = 5$ 20) $3 \div 3 = 1$

21) $88 \div 8 = 11$ 22) $77 \div 7 = 11$

Day 20

1) 16 ÷ 4 = 4   2) 45 ÷ 9 = 5   3) 99 ÷ 9 = 11   4) 4 ÷ 4 = 1   5) 3 ÷ 1 = 3

6) 80 ÷ 8 = 10   7) 8 ÷ 4 = 2   8) 88 ÷ 8 = 11   9) 44 ÷ 4 = 11   10) 60 ÷ 5 = 12

11) 40 ÷ 8 = 5   12) 48 ÷ 6 = 8   13) 48 ÷ 8 = 6   14) 3 ÷ 3 = 1   15) 33 ÷ 3 = 11

16) 84 ÷ 7 = 12   17) 54 ÷ 9 = 6   18) 22 ÷ 2 = 11   19) 21 ÷ 7 = 3   20) 77 ÷ 7 = 11

21) 72 ÷ 6 = 12   22) 50 ÷ 5 = 10

Day 21

1) 72 ÷ 6 = 12   2) 84 ÷ 7 = 12   3) 63 ÷ 7 = 9   4) 11 ÷ 1 = 11   5) 20 ÷ 2 = 10

6) 6 ÷ 1 = 6   7) 70 ÷ 7 = 10   8) 108 ÷ 9 = 12   9) 55 ÷ 5 = 11   10) 77 ÷ 7 = 11

11) 15 ÷ 3 = 5   12) 48 ÷ 6 = 8   13) 99 ÷ 9 = 11   14) 66 ÷ 6 = 11   15) 30 ÷ 3 = 10

16) 96 ÷ 8 = 12   17) 33 ÷ 3 = 11   18) 88 ÷ 8 = 11   19) 21 ÷ 7 = 3   20) 36 ÷ 3 = 12

21) 12 ÷ 6 = 2   22) 24 ÷ 2 = 12

Day 22

1)

9 × 7 = 63
7 × 9 = 63
63 ÷ 9 = 7
63 ÷ 7 = 9

2)

6 × 3 = 18
3 × 6 = 18
18 ÷ 6 = 3
18 ÷ 3 = 6

3)

4 × 5 = 20
5 × 4 = 20
20 ÷ 4 = 5
20 ÷ 5 = 4

4)

6 × 9 = 54
9 × 6 = 54
54 ÷ 6 = 9
54 ÷ 9 = 6

Day 23

1)

3 × 9 = 27
9 × 3 = 27
27 ÷ 3 = 9
27 ÷ 9 = 3

2)

10 × 8 = 80
8 × 10 = 80
80 ÷ 10 = 8
80 ÷ 8 = 10

3)

11 × 8 = 88
8 × 11 = 88
88 ÷ 11 = 8
88 ÷ 8 = 11

4)

1 × 5 = 5
5 × 1 = 5
5 ÷ 1 = 5
5 ÷ 5 = 1

Day 24

1)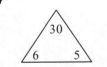

6 × 5 = 30
5 × 6 = 30
30 ÷ 6 = 5
30 ÷ 5 = 6

2)

6 × 2 = 12
2 × 6 = 12
12 ÷ 6 = 2
12 ÷ 2 = 6

3)

12 × 7 = 84
7 × 12 = 84
84 ÷ 12 = 7
84 ÷ 7 = 12

4)

2 × 9 = 18
9 × 2 = 18
18 ÷ 2 = 9
18 ÷ 9 = 2

Day 25

1) 10 × 10 = 100   2) 3 × 60 = 180   3) 6 × 50 = 300   4) 1 × 90 = 90   5) 2 × 50 = 100

6) $8 \times 80 = 640$ 7) $3 \times 60 = 180$ 8) $6 \times 80 = 480$ 9) $12 \times 70 = 840$ 10) $2 \times 20 = 40$
11) $1 \times 10 = 10$ 12) $1 \times 40 = 40$ 13) $1 \times 70 = 70$ 14) $10 \times 60 = 600$ 15) $10 \times 60 = 600$
16) $10 \times 60 = 600$ 17) $5 \times 40 = 200$ 18) $11 \times 80 = 880$ 19) $8 \times 50 = 400$ 20) $3 \times 30 = 90$
21) $7 \times 40 = 280$ 22) $9 \times 20 = 180$ 23) $5 \times 10 = 50$ 24) $7 \times 60 = 420$ 25) $7 \times 20 = 140$
26) $1 \times 80 = 80$ 27) $8 \times 70 = 560$ 28) $1 \times 70 = 70$ 29) $8 \times 70 = 560$ 30) $8 \times 40 = 320$

Day 26

1) $6 \times 50 = 300$ 2) $12 \times 20 = 240$ 3) $7 \times 60 = 420$ 4) $2 \times 60 = 120$ 5) $2 \times 50 = 100$
6) $3 \times 90 = 270$ 7) $10 \times 50 = 500$ 8) $9 \times 70 = 630$ 9) $1 \times 50 = 50$ 10) $2 \times 80 = 160$
11) $3 \times 60 = 180$ 12) $5 \times 20 = 100$ 13) $11 \times 40 = 440$ 14) $5 \times 20 = 100$ 15) $9 \times 30 = 270$
16) $5 \times 30 = 150$ 17) $10 \times 70 = 700$ 18) $11 \times 30 = 330$ 19) $5 \times 40 = 200$ 20) $8 \times 20 = 160$
21) $2 \times 80 = 160$ 22) $4 \times 80 = 320$ 23) $5 \times 40 = 200$ 24) $10 \times 90 = 900$ 25) $12 \times 40 = 480$
26) $4 \times 60 = 240$ 27) $5 \times 90 = 450$ 28) $12 \times 80 = 960$ 29) $3 \times 20 = 60$ 30) $4 \times 80 = 320$

Day 27

1) $10 \times 300 = 3\,000$ 2) $9 \times 500 = 4\,500$ 3) $4 \times 100 = 400$ 4) $7 \times 500 = 3\,500$ 5) $7 \times 900 = 6\,300$
6) $4 \times 500 = 2\,000$ 7) $1 \times 100 = 100$ 8) $12 \times 600 = 7\,200$ 9) $4 \times 800 = 3\,200$ 10) $6 \times 400 = 2\,400$
11) $9 \times 100 = 900$ 12) $9 \times 200 = 1\,800$ 13) $6 \times 800 = 4\,800$ 14) $1 \times 400 = 400$ 15) $4 \times 700 = 2\,800$
16) $6 \times 200 = 1\,200$ 17) $1 \times 800 = 800$ 18) $6 \times 200 = 1\,200$ 19) $9 \times 100 = 900$ 20) $12 \times 600 = 7\,200$
21) $8 \times 500 = 4\,000$ 22) $4 \times 600 = 2\,400$ 23) $3 \times 200 = 600$ 24) $3 \times 800 = 2\,400$ 25) $8 \times 900 = 7\,200$
26) $4 \times 300 = 1\,200$ 27) $10 \times 700 = 7\,000$ 28) $8 \times 800 = 6\,400$ 29) $7 \times 500 = 3\,500$ 30) $2 \times 400 = 800$

Day 28

1) $1 \times 200 = 200$ 2) $5 \times 900 = 4\,500$ 3) $9 \times 400 = 3\,600$ 4) $11 \times 600 = 6\,600$ 5) $1 \times 600 = 600$
6) $5 \times 800 = 4\,000$ 7) $5 \times 800 = 4\,000$ 8) $7 \times 900 = 6\,300$ 9) $2 \times 400 = 800$ 10) $5 \times 200 = 1\,000$
11) $10 \times 500 = 5\,000$ 12) $11 \times 400 = 4\,400$ 13) $5 \times 400 = 2\,000$ 14) $4 \times 400 = 1\,600$ 15) $12 \times 800 = 9\,600$
16) $4 \times 200 = 800$ 17) $5 \times 200 = 1\,000$ 18) $9 \times 500 = 4\,500$ 19) $10 \times 500 = 5\,000$ 20) $7 \times 700 = 4\,900$
21) $4 \times 800 = 3\,200$ 22) $12 \times 600 = 7\,200$ 23) $6 \times 400 = 2\,400$ 24) $3 \times 200 = 600$ 25) $10 \times 700 = 7\,000$
26) $3 \times 100 = 300$ 27) $11 \times 200 = 2\,200$ 28) $10 \times 500 = 5\,000$ 29) $4 \times 900 = 3\,600$ 30) $8 \times 300 = 2\,400$

Day 29

1) $480 \div 60 = 8$ 2) $800 \div 20 = 40$ 3) $600 \div 60 = 10$ 4) $840 \div 70 = 12$ 5) $480 \div 30 = 16$
6) $200 \div 50 = 4$ 7) $60 \div 60 = 1$ 8) $480 \div 60 = 8$ 9) $600 \div 50 = 12$ 10) $490 \div 70 = 7$
11) $100 \div 10 = 10$ 12) $300 \div 60 = 5$ 13) $280 \div 70 = 4$ 14) $880 \div 80 = 11$ 15) $280 \div 40 = 7$
16) $390 \div 30 = 13$ 17) $680 \div 40 = 17$ 18) $700 \div 70 = 10$ 19) $780 \div 30 = 26$ 20) $640 \div 80 = 8$
21) $70 \div 70 = 1$ 22) $800 \div 50 = 16$ 23) $180 \div 60 = 3$ 24) $690 \div 30 = 23$ 25) $140 \div 70 = 2$
26) $800 \div 40 = 20$ 27) $600 \div 20 = 30$ 28) $200 \div 10 = 20$ 29) $600 \div 20 = 30$ 30) $300 \div 20 = 15$

Day 30

1) $480 \div 60 = 8$ 2) $70 \div 70 = 1$ 3) $400 \div 50 = 8$ 4) $240 \div 80 = 3$ 5) $180 \div 30 = 6$
6) $400 \div 80 = 5$ 7) $780 \div 30 = 26$ 8) $480 \div 60 = 8$ 9) $900 \div 50 = 18$ 10) $90 \div 30 = 3$
11) $480 \div 80 = 6$ 12) $640 \div 80 = 8$ 13) $600 \div 60 = 10$ 14) $70 \div 70 = 1$ 15) $480 \div 80 = 6$
16) $700 \div 70 = 10$ 17) $600 \div 60 = 10$ 18) $200 \div 20 = 10$ 19) $200 \div 10 = 20$ 20) $300 \div 20 = 15$
21) $480 \div 40 = 12$ 22) $700 \div 70 = 10$ 23) $800 \div 10 = 80$ 24) $560 \div 80 = 7$ 25) $200 \div 20 = 10$
26) $660 \div 60 = 11$ 27) $660 \div 60 = 11$ 28) $480 \div 80 = 6$ 29) $500 \div 10 = 50$ 30) $300 \div 30 = 10$

Day 31

1) $6\,000 \div 200 = 30$ 2) $7\,000 \div 500 = 14$ 3) $3\,000 \div 500 = 6$ 4) $2\,100 \div 700 = 3$
5) $5\,600 \div 400 = 14$ 6) $1\,600 \div 800 = 2$ 7) $8\,100 \div 300 = 27$ 8) $7\,200 \div 900 = 8$
9) $5\,600 \div 800 = 7$ 10) $5\,700 \div 100 = 57$ 11) $4\,800 \div 800 = 6$ 12) $5\,500 \div 500 = 11$
13) $9\,000 \div 300 = 30$ 14) $1\,800 \div 600 = 3$ 15) $7\,800 \div 300 = 26$ 16) $7\,200 \div 900 = 8$
17) $8\,000 \div 800 = 10$ 18) $4\,800 \div 800 = 6$ 19) $7\,600 \div 200 = 38$ 20) $4\,200 \div 700 = 6$
21) $4\,200 \div 700 = 6$ 22) $4\,200 \div 100 = 42$

Day 32

1) $8\,500 \div 500 = 17$ 2) $7\,000 \div 200 = 35$ 3) $2\,700 \div 100 = 27$ 4) $3\,500 \div 500 = 7$
5) $7\,200 \div 800 = 9$ 6) $8\,100 \div 900 = 9$ 7) $2\,400 \div 400 = 6$ 8) $2\,400 \div 300 = 8$
9) $1\,600 \div 800 = 2$ 10) $8\,100 \div 900 = 9$ 11) $4\,000 \div 800 = 5$ 12) $8\,700 \div 300 = 29$
13) $7\,500 \div 500 = 15$ 14) $5\,600 \div 800 = 7$ 15) $5\,200 \div 400 = 13$ 16) $8\,800 \div 400 = 22$
17) $9\,300 \div 300 = 31$ 18) $8\,400 \div 700 = 12$ 19) $7\,200 \div 300 = 24$ 20) $7\,200 \div 900 = 8$
21) $4\,200 \div 600 = 7$ 22) $2\,700 \div 900 = 3$

Day 33

1) $831 \times 5 = 4155$
2) $969 \times 7 = 6783$
3) $102 \times 8 = 816$
4) $853 \times 6 = 5118$
5) $925 \times 9 = 8325$
6) $617 \times 8 = 4936$
7) $415 \times 4 = 1660$
8) $374 \times 5 = 1870$
9) $584 \times 5 = 2920$
10) $960 \times 3 = 2880$
11) $289 \times 8 = 2312$
12) $981 \times 6 = 5886$
13) $743 \times 2 = 1486$
14) $632 \times 8 = 5056$
15) $636 \times 8 = 5088$
16) $990 \times 4 = 3960$
17) $357 \times 9 = 3213$
18) $361 \times 7 = 2527$
19) $749 \times 9 = 6741$
20) $490 \times 6 = 2940$

Day 34

1) $184 \times 3 = 552$
2) $918 \times 9 = 8262$
3) $919 \times 4 = 3676$
4) $783 \times 6 = 4698$
5) $409 \times 5 = 2045$
6) $584 \times 5 = 2920$
7) $429 \times 7 = 3003$
8) $724 \times 2 = 1448$
9) $935 \times 4 = 3740$
10) $631 \times 8 = 5048$
11) $232 \times 8 = 1856$
12) $139 \times 5 = 695$
13) $537 \times 2 = 1074$
14) $759 \times 6 = 4554$
15) $483 \times 4 = 1932$
16) $846 \times 6 = 5076$
17) $606 \times 4 = 2424$
18) $934 \times 4 = 3736$
19) $897 \times 7 = 6279$
20) $655 \times 6 = 3930$

Day 35

1) $833 \times 2 = 1666$
2) $676 \times 5 = 3380$
3) $171 \times 6 = 1026$
4) $932 \times 9 = 8388$
5) $111 \times 8 = 888$
6) $803 \times 6 = 4818$
7) $378 \times 5 = 1890$
8) $168 \times 4 = 672$
9) $473 \times 5 = 2365$
10) $745 \times 3 = 2235$
11) $561 \times 4 = 2244$
12) $959 \times 5 = 4795$
13) $325 \times 4 = 1300$
14) $732 \times 7 = 5124$
15) $383 \times 7 = 2681$
16) $717 \times 2 = 1434$
17) $324 \times 8 = 2592$
18) $132 \times 8 = 1056$
19) $168 \times 1 = 168$
20) $946 \times 7 = 6622$

Day 36

1) $385 \times 6 = 2310$
2) $171 \times 6 = 1026$
3) $979 \times 5 = 4895$
4) $573 \times 4 = 2292$
5) $487 \times 2 = 974$
6) $246 \times 5 = 1230$
7) $418 \times 5 = 2090$
8) $304 \times 2 = 608$
9) $961 \times 7 = 6727$
10) $810 \times 5 = 4050$
11) $559 \times 5 = 2795$
12) $378 \times 8 = 3024$
13) $849 \times 6 = 5094$
14) $698 \times 2 = 1396$
15) $777 \times 2 = 1554$
16) $641 \times 8 = 5128$
17) $510 \times 6 = 3060$
18) $267 \times 5 = 1335$
19) $818 \times 1 = 818$
20) $838 \times 4 = 3352$

Day 37

1) $268 \times 2 = 536$
2) $314 \times 1 = 314$
3) $407 \times 6 = 2442$
4) $825 \times 3 = 2475$
5) $744 \times 9 = 6696$
6) $529 \times 6 = 3174$
7) $162 \times 8 = 1296$
8) $450 \times 4 = 1800$
9) $608 \times 3 = 1824$
10) $970 \times 8 = 7760$
11) $910 \times 4 = 3640$
12) $919 \times 1 = 919$
13) $917 \times 1 = 917$
14) $156 \times 9 = 1404$

15)
```
   573
 ×   8
───────
 4 584
```
16)
```
   416
 ×   4
───────
 1 664
```
17)
```
   726
 ×   7
───────
 5 082
```
18)
```
   117
 ×   1
───────
   117
```
19)
```
   577
 ×   3
───────
 1 731
```
20)
```
   280
 ×   6
───────
 1 680
```

Day 38

1)
```
  8 098
 ×    2
────────
 16 196
```
2)
```
  1 428
 ×    5
────────
  7 140
```
3)
```
  7 460
 ×    2
────────
 14 920
```
4)
```
  7 130
 ×    6
────────
 42 780
```
5)
```
  4 429
 ×    3
────────
 13 287
```
6)
```
  4 632
 ×    5
────────
 23 160
```
7)
```
  4 436
 ×    4
────────
 17 744
```

8)
```
  9 805
 ×    2
────────
 19 610
```
9)
```
  5 271
 ×    3
────────
 15 813
```
10)
```
  9 796
 ×    2
────────
 19 592
```
11)
```
  7 734
 ×    4
────────
 30 936
```
12)
```
  6 376
 ×    2
────────
 12 752
```
13)
```
  6 952
 ×    9
────────
 62 568
```
14)
```
  1 278
 ×    2
────────
  2 556
```

15)
```
  5 100
 ×    4
────────
 20 400
```
16)
```
  8 366
 ×    4
────────
 33 464
```
17)
```
  5 520
 ×    4
────────
 22 080
```
18)
```
  9 213
 ×    5
────────
 46 065
```
19)
```
  9 317
 ×    3
────────
 27 951
```
20)
```
  3 943
 ×    9
────────
 35 487
```

Day 39

1)
```
  8 032
 ×    4
────────
 32 128
```
2)
```
  2 715
 ×    6
────────
 16 290
```
3)
```
  1 768
 ×    9
────────
 15 912
```
4)
```
  5 800
 ×    9
────────
 52 200
```
5)
```
  1 373
 ×    7
────────
  9 611
```
6)
```
  2 714
 ×    6
────────
 16 284
```
7)
```
  2 639
 ×    3
────────
  7 917
```

8)
```
  3 761
 ×    8
────────
 30 088
```
9)
```
  7 570
 ×    6
────────
 45 420
```
10)
```
  1 566
 ×    3
────────
  4 698
```
11)
```
  2 711
 ×    7
────────
 18 977
```
12)
```
  3 625
 ×    5
────────
 18 125
```
13)
```
  3 713
 ×    7
────────
 25 991
```
14)
```
  2 794
 ×    7
────────
 19 558
```

15)
```
  9 080
 ×    8
────────
 72 640
```
16)
```
  9 786
 ×    7
────────
 68 502
```
17)
```
  9 569
 ×    2
────────
 19 138
```
18)
```
  5 814
 ×    3
────────
 17 442
```
19)
```
  3 297
 ×    6
────────
 19 782
```
20)
```
  4 412
 ×    3
────────
 13 236
```

Day 40

1)
```
  8 542
 ×    1
────────
  8 542
```
2)
```
  6 916
 ×    2
────────
 13 832
```
3)
```
  8 054
 ×    4
────────
 32 216
```
4)
```
  5 990
 ×    9
────────
 53 910
```
5)
```
  8 428
 ×    7
────────
 58 996
```
6)
```
  9 105
 ×    5
────────
 45 525
```
7)
```
  6 538
 ×    5
────────
 32 690
```

8)
```
  7 756
 ×    6
────────
 46 536
```
9)
```
  1 792
 ×    8
────────
 14 336
```
10)
```
  6 400
 ×    5
────────
 32 000
```
11)
```
  5 318
 ×    3
────────
 15 954
```
12)
```
  3 266
 ×    9
────────
 29 394
```
13)
```
  8 594
 ×    3
────────
 25 782
```
14)
```
  3 912
 ×    4
────────
 15 648
```

15)
```
  9 103
 ×    3
────────
 27 309
```
16)
```
  6 201
 ×    4
────────
 24 804
```
17)
```
  5 180
 ×    4
────────
 20 720
```
18)
```
  8 276
 ×    2
────────
 16 552
```
19)
```
  7 935
 ×    3
────────
 23 805
```
20)
```
  4 859
 ×    5
────────
 24 295
```

Day 41

1)
```
  3 729
 ×    3
────────
 11 187
```
2)
```
  7 598
 ×    4
────────
 30 392
```
3)
```
  3 252
 ×    4
────────
 13 008
```
4)
```
  8 503
 ×    7
────────
 59 521
```
5)
```
  6 386
 ×    2
────────
 12 772
```
6)
```
  7 872
 ×    1
────────
  7 872
```
7)
```
  1 744
 ×    7
────────
 12 208
```

8)
```
  5 606
 ×    3
────────
 16 818
```
9)
```
  1 792
 ×    1
────────
  1 792
```
10)
```
  8 091
 ×    4
────────
 32 364
```
11)
```
  3 861
 ×    1
────────
  3 861
```
12)
```
  3 493
 ×    6
────────
 20 958
```
13)
```
  7 350
 ×    4
────────
 29 400
```
14)
```
  3 513
 ×    8
────────
 28 104
```

15)
```
  8 535
 ×    4
────────
 34 140
```
16)
```
  4 606
 ×    2
────────
  9 212
```
17)
```
  5 483
 ×    4
────────
 21 932
```
18)
```
  3 107
 ×    2
────────
  6 214
```
19)
```
  5 577
 ×    6
────────
 33 462
```
20)
```
  6 432
 ×    8
────────
 51 456
```

Day 42

1)
$$\begin{array}{r} 3\,886 \\ \times\quad 2 \\ \hline 7\,772 \end{array}$$

2)
$$\begin{array}{r} 8\,411 \\ \times\quad 3 \\ \hline 25\,233 \end{array}$$

3)
$$\begin{array}{r} 1\,574 \\ \times\quad 1 \\ \hline 1\,574 \end{array}$$

4)
$$\begin{array}{r} 4\,863 \\ \times\quad 7 \\ \hline 34\,041 \end{array}$$

5)
$$\begin{array}{r} 6\,634 \\ \times\quad 3 \\ \hline 19\,902 \end{array}$$

6)
$$\begin{array}{r} 9\,662 \\ \times\quad 8 \\ \hline 77\,296 \end{array}$$

7)
$$\begin{array}{r} 4\,454 \\ \times\quad 4 \\ \hline 17\,816 \end{array}$$

8)
$$\begin{array}{r} 1\,060 \\ \times\quad 7 \\ \hline 7\,420 \end{array}$$

9)
$$\begin{array}{r} 5\,567 \\ \times\quad 6 \\ \hline 33\,402 \end{array}$$

10)
$$\begin{array}{r} 6\,269 \\ \times\quad 5 \\ \hline 31\,345 \end{array}$$

11)
$$\begin{array}{r} 1\,675 \\ \times\quad 3 \\ \hline 5\,025 \end{array}$$

12)
$$\begin{array}{r} 3\,803 \\ \times\quad 3 \\ \hline 11\,409 \end{array}$$

13)
$$\begin{array}{r} 4\,067 \\ \times\quad 2 \\ \hline 8\,134 \end{array}$$

14)
$$\begin{array}{r} 3\,993 \\ \times\quad 2 \\ \hline 7\,986 \end{array}$$

15)
$$\begin{array}{r} 9\,075 \\ \times\quad 5 \\ \hline 45\,375 \end{array}$$

16)
$$\begin{array}{r} 6\,509 \\ \times\quad 6 \\ \hline 39\,054 \end{array}$$

17)
$$\begin{array}{r} 1\,996 \\ \times\quad 4 \\ \hline 7\,984 \end{array}$$

18)
$$\begin{array}{r} 7\,385 \\ \times\quad 7 \\ \hline 51\,695 \end{array}$$

19)
$$\begin{array}{r} 9\,825 \\ \times\quad 5 \\ \hline 49\,125 \end{array}$$

20)
$$\begin{array}{r} 4\,512 \\ \times\quad 8 \\ \hline 36\,096 \end{array}$$

Day 43

1)
$$\begin{array}{r} 63\,053 \\ \times\quad 2 \\ \hline 126\,106 \end{array}$$

2)
$$\begin{array}{r} 18\,586 \\ \times\quad 3 \\ \hline 55\,758 \end{array}$$

3)
$$\begin{array}{r} 59\,814 \\ \times\quad 5 \\ \hline 299\,070 \end{array}$$

4)
$$\begin{array}{r} 65\,051 \\ \times\quad 8 \\ \hline 520\,408 \end{array}$$

5)
$$\begin{array}{r} 98\,598 \\ \times\quad 3 \\ \hline 295\,794 \end{array}$$

6)
$$\begin{array}{r} 64\,233 \\ \times\quad 1 \\ \hline 64\,233 \end{array}$$

7)
$$\begin{array}{r} 64\,100 \\ \times\quad 7 \\ \hline 448\,700 \end{array}$$

8)
$$\begin{array}{r} 10\,417 \\ \times\quad 5 \\ \hline 52\,085 \end{array}$$

9)
$$\begin{array}{r} 42\,062 \\ \times\quad 8 \\ \hline 336\,496 \end{array}$$

10)
$$\begin{array}{r} 28\,975 \\ \times\quad 7 \\ \hline 202\,825 \end{array}$$

11)
$$\begin{array}{r} 66\,290 \\ \times\quad 5 \\ \hline 331\,450 \end{array}$$

12)
$$\begin{array}{r} 75\,732 \\ \times\quad 7 \\ \hline 530\,124 \end{array}$$

13)
$$\begin{array}{r} 11\,665 \\ \times\quad 3 \\ \hline 34\,995 \end{array}$$

14)
$$\begin{array}{r} 84\,069 \\ \times\quad 4 \\ \hline 336\,276 \end{array}$$

15)
$$\begin{array}{r} 14\,244 \\ \times\quad 6 \\ \hline 85\,464 \end{array}$$

16)
$$\begin{array}{r} 20\,169 \\ \times\quad 7 \\ \hline 141\,183 \end{array}$$

17)
$$\begin{array}{r} 71\,400 \\ \times\quad 3 \\ \hline 214\,200 \end{array}$$

18)
$$\begin{array}{r} 23\,431 \\ \times\quad 2 \\ \hline 46\,862 \end{array}$$

19)
$$\begin{array}{r} 47\,665 \\ \times\quad 6 \\ \hline 285\,990 \end{array}$$

20)
$$\begin{array}{r} 92\,400 \\ \times\quad 6 \\ \hline 554\,400 \end{array}$$

Day 44

1)
$$\begin{array}{r} 57\,869 \\ \times\quad 2 \\ \hline 115\,738 \end{array}$$

2)
$$\begin{array}{r} 33\,086 \\ \times\quad 5 \\ \hline 165\,430 \end{array}$$

3)
$$\begin{array}{r} 94\,841 \\ \times\quad 8 \\ \hline 758\,728 \end{array}$$

4)
$$\begin{array}{r} 35\,953 \\ \times\quad 6 \\ \hline 215\,718 \end{array}$$

5)
$$\begin{array}{r} 47\,238 \\ \times\quad 8 \\ \hline 377\,904 \end{array}$$

6)
$$\begin{array}{r} 39\,688 \\ \times\quad 7 \\ \hline 277\,816 \end{array}$$

7)
$$\begin{array}{r} 28\,338 \\ \times\quad 5 \\ \hline 141\,690 \end{array}$$

8)
$$\begin{array}{r} 61\,773 \\ \times\quad 2 \\ \hline 123\,546 \end{array}$$

9)
$$\begin{array}{r} 20\,669 \\ \times\quad 6 \\ \hline 124\,014 \end{array}$$

10)
$$\begin{array}{r} 79\,273 \\ \times\quad 7 \\ \hline 554\,911 \end{array}$$

11)
$$\begin{array}{r} 38\,406 \\ \times\quad 8 \\ \hline 307\,248 \end{array}$$

12)
$$\begin{array}{r} 20\,809 \\ \times\quad 1 \\ \hline 20\,809 \end{array}$$

13)
$$\begin{array}{r} 13\,490 \\ \times\quad 3 \\ \hline 40\,470 \end{array}$$

14)
$$\begin{array}{r} 39\,138 \\ \times\quad 7 \\ \hline 273\,966 \end{array}$$

15)
$$\begin{array}{r} 53\,330 \\ \times\quad 3 \\ \hline 159\,990 \end{array}$$

16)
$$\begin{array}{r} 73\,593 \\ \times\quad 6 \\ \hline 441\,558 \end{array}$$

17)
$$\begin{array}{r} 45\,743 \\ \times\quad 9 \\ \hline 411\,687 \end{array}$$

18)
$$\begin{array}{r} 90\,719 \\ \times\quad 8 \\ \hline 725\,752 \end{array}$$

19)
$$\begin{array}{r} 34\,982 \\ \times\quad 3 \\ \hline 104\,946 \end{array}$$

20)
$$\begin{array}{r} 12\,918 \\ \times\quad 9 \\ \hline 116\,262 \end{array}$$

Day 45

1)
$$\begin{array}{r} 35\,118 \\ \times\quad 2 \\ \hline 70\,236 \end{array}$$

2)
$$\begin{array}{r} 69\,872 \\ \times\quad 7 \\ \hline 489\,104 \end{array}$$

3)
$$\begin{array}{r} 66\,077 \\ \times\quad 1 \\ \hline 66\,077 \end{array}$$

4)
$$\begin{array}{r} 73\,990 \\ \times\quad 6 \\ \hline 443\,940 \end{array}$$

5)
$$\begin{array}{r} 71\,091 \\ \times\quad 7 \\ \hline 497\,637 \end{array}$$

6)
$$\begin{array}{r} 47\,723 \\ \times\quad 6 \\ \hline 286\,338 \end{array}$$

7)
$$\begin{array}{r} 68\,712 \\ \times\quad 3 \\ \hline 206\,136 \end{array}$$

8)
$$\begin{array}{r} 76\,891 \\ \times\quad 1 \\ \hline 76\,891 \end{array}$$

9)
$$\begin{array}{r} 13\,922 \\ \times\quad 6 \\ \hline 83\,532 \end{array}$$

10)
$$\begin{array}{r} 28\,884 \\ \times\quad 6 \\ \hline 173\,304 \end{array}$$

11)
$$\begin{array}{r} 37\,077 \\ \times\quad 1 \\ \hline 37\,077 \end{array}$$

12)
$$\begin{array}{r} 18\,403 \\ \times\quad 8 \\ \hline 147\,224 \end{array}$$

13)
$$\begin{array}{r} 90\,213 \\ \times\quad 4 \\ \hline 360\,852 \end{array}$$

14)
$$\begin{array}{r} 66\,042 \\ \times\quad 9 \\ \hline 594\,378 \end{array}$$

15)
$$\begin{array}{r} 67\,564 \\ \times\quad 8 \\ \hline 540\,512 \end{array}$$

16)
$$\begin{array}{r} 55\,087 \\ \times\quad 7 \\ \hline 385\,609 \end{array}$$

17)
$$\begin{array}{r} 21\,144 \\ \times\quad 4 \\ \hline 84\,576 \end{array}$$

18)
$$\begin{array}{r} 72\,725 \\ \times\quad 8 \\ \hline 581\,800 \end{array}$$

19)
$$\begin{array}{r} 99\,139 \\ \times\quad 5 \\ \hline 495\,695 \end{array}$$

20)
$$\begin{array}{r} 35\,299 \\ \times\quad 4 \\ \hline 141\,196 \end{array}$$

Day 46

1)
$$\begin{array}{r} 41\,687 \\ \times\quad 2 \\ \hline 83\,374 \end{array}$$

2)
$$\begin{array}{r} 53\,494 \\ \times\quad 6 \\ \hline 320\,964 \end{array}$$

3)
$$\begin{array}{r} 77\,477 \\ \times\quad 5 \\ \hline 387\,385 \end{array}$$

4)
$$\begin{array}{r} 19\,859 \\ \times\quad 6 \\ \hline 119\,154 \end{array}$$

5)
$$\begin{array}{r} 10\,540 \\ \times\quad 2 \\ \hline 21\,080 \end{array}$$

6)
$$\begin{array}{r} 39\,631 \\ \times\quad 2 \\ \hline 79\,262 \end{array}$$

7)
$$\begin{array}{r} 83\,670 \\ \times\quad 8 \\ \hline 669\,360 \end{array}$$

8) 55 932	9) 54 437	10) 52 528	11) 47 498	12) 50 917	13) 82 786	14) 28 116
× 8	× 6	× 2	× 6	× 9	× 2	× 8
447 456	326 622	105 056	284 988	458 253	165 572	224 928

15) 18 488	16) 42 523	17) 59 311	18) 35 126	19) 10 660	20) 29 218
× 4	× 6	× 4	× 2	× 7	× 3
73 952	255 138	237 244	70 252	74 620	87 654

Day 47

1) 49 759	2) 73 283	3) 37 364	4) 18 227	5) 38 947	6) 24 257	7) 25 896
× 9	× 9	× 5	× 2	× 4	× 4	× 8
447 831	659 547	186 820	36 454	155 788	97 028	207 168

8) 12 842	9) 12 371	10) 47 469	11) 15 704	12) 80 275	13) 58 204	14) 29 172
× 6	× 4	× 8	× 5	× 5	× 7	× 1
77 052	49 484	379 752	78 520	401 375	407 428	29 172

15) 50 108	16) 41 517	17) 13 907	18) 48 262	19) 36 909	20) 28 405
× 3	× 5	× 9	× 9	× 1	× 8
150 324	207 585	125 163	434 358	36 909	227 240

Day 48

1) 86	2) 24	3) 11	4) 60	5) 21	6) 64	7) 57	8) 29
× 22	× 56	× 35	× 47	× 40	× 38	× 59	× 12
1 892	1 344	385	2 820	840	2 432	3 363	348

9) 14	10) 33	11) 94	12) 51	13) 90	14) 17	15) 84	16) 38
× 93	× 90	× 16	× 20	× 68	× 58	× 83	× 57
1 302	2 970	1 504	1 020	6 120	986	6 972	2 166

17) 77	18) 69	19) 82	20) 90
× 42	× 66	× 85	× 24
3 234	4 554	6 970	2 160

Day 49

1) 65	2) 78	3) 66	4) 22	5) 55	6) 21	7) 69	8) 44
× 92	× 53	× 94	× 37	× 34	× 53	× 92	× 75
5 980	4 134	6 204	814	1 870	1 113	6 348	3 300

9) 20	10) 18	11) 32	12) 70	13) 21	14) 98	15) 46	16) 44
× 25	× 55	× 41	× 51	× 15	× 41	× 45	× 98
500	990	1 312	3 570	315	4 018	2 070	4 312

17) 74	18) 71	19) 66	20) 37
× 31	× 31	× 16	× 27
2 294	2 201	1 056	999

Day 50

1) 73	2) 86	3) 51	4) 42	5) 72	6) 13	7) 96	8) 56
× 81	× 24	× 50	× 61	× 13	× 96	× 69	× 93
5 913	2 064	2 550	2 562	936	1 248	6 624	5 208

9) 45	10) 38	11) 73	12) 21	13) 97	14) 90	15) 69	16) 67
× 47	× 22	× 47	× 33	× 97	× 15	× 50	× 80
2 115	836	3 431	693	9 409	1 350	3 450	5 360

17) 36	18) 17	19) 51	20) 60
× 67	× 74	× 97	× 15
2 412	1 258	4 947	900

Day 51

1) 15 × 67 = 1 005
2) 56 × 95 = 5 320
3) 81 × 15 = 1 215
4) 49 × 69 = 3 381
5) 96 × 35 = 3 360
6) 10 × 52 = 520
7) 55 × 89 = 4 895
8) 18 × 68 = 1 224

9) 69 × 92 = 6 348
10) 65 × 93 = 6 045
11) 74 × 75 = 5 550
12) 85 × 96 = 8 160
13) 98 × 13 = 1 274
14) 34 × 76 = 2 584
15) 63 × 41 = 2 583
16) 30 × 72 = 2 160

17) 29 × 69 = 2 001
18) 64 × 19 = 1 216
19) 32 × 50 = 1 600
20) 21 × 18 = 378

Day 52

1) 41 × 66 = 2 706
2) 97 × 61 = 5 917
3) 59 × 53 = 3 127
4) 10 × 73 = 730
5) 46 × 38 = 1 748
6) 15 × 14 = 210
7) 71 × 58 = 4 118
8) 89 × 76 = 6 764

9) 87 × 87 = 7 569
10) 28 × 98 = 2 744
11) 88 × 49 = 4 312
12) 49 × 97 = 4 753
13) 75 × 46 = 3 450
14) 83 × 87 = 7 221
15) 77 × 13 = 1 001
16) 41 × 30 = 1 230

17) 44 × 13 = 572
18) 94 × 46 = 4 324
19) 23 × 94 = 2 162
20) 52 × 49 = 2 548

Day 53

1) 129 × 21 = 2 709
2) 719 × 93 = 66 867
3) 304 × 22 = 6 688
4) 538 × 54 = 29 052
5) 114 × 36 = 4 104
6) 106 × 31 = 3 286
7) 548 × 58 = 31 784
8) 945 × 65 = 61 425

9) 949 × 86 = 81 614
10) 379 × 39 = 14 781
11) 275 × 90 = 24 750
12) 842 × 23 = 19 366
13) 857 × 42 = 35 994
14) 323 × 50 = 16 150
15) 906 × 49 = 44 394
16) 953 × 88 = 83 864

17) 957 × 49 = 46 893
18) 309 × 79 = 24 411
19) 104 × 98 = 10 192
20) 774 × 68 = 52 632

Day 54

1) 533 × 87 = 46 371
2) 652 × 24 = 15 648
3) 345 × 15 = 5 175
4) 133 × 59 = 7 847
5) 642 × 26 = 16 692
6) 650 × 38 = 24 700
7) 477 × 93 = 44 361
8) 724 × 60 = 43 440

9) 910 × 15 = 13 650
10) 672 × 49 = 32 928
11) 653 × 19 = 12 407
12) 821 × 12 = 9 852
13) 762 × 25 = 19 050
14) 648 × 83 = 53 784
15) 374 × 53 = 19 822
16) 981 × 33 = 32 373

17) 618 × 25 = 15 450
18) 598 × 98 = 58 604
19) 237 × 24 = 5 688
20) 140 × 22 = 3 080

Day 55

1) 689 × 95 = 65 455
2) 815 × 61 = 49 715
3) 107 × 30 = 3 210
4) 591 × 14 = 8 274
5) 196 × 73 = 14 308
6) 727 × 25 = 18 175
7) 938 × 29 = 27 202
8) 567 × 42 = 23 814

9) 945 × 85 = 80 325

10) 634 × 95 = 60 230

11) 772 × 78 = 60 216

12) 642 × 49 = 31 458

13) 967 × 31 = 29 977

14) 638 × 10 = 6 380

15) 257 × 34 = 8 738

16) 186 × 54 = 10 044

17) 812 × 90 = 73 080

18) 221 × 12 = 2 652

19) 430 × 98 = 42 140

20) 529 × 53 = 28 037

Day 56

1) 563 × 80 = 45 040

2) 264 × 79 = 20 856

3) 455 × 16 = 7 280

4) 989 × 21 = 20 769

5) 854 × 87 = 74 298

6) 910 × 32 = 29 120

7) 724 × 98 = 70 952

8) 337 × 86 = 28 982

9) 861 × 41 = 35 301

10) 844 × 53 = 44 732

11) 916 × 94 = 86 104

12) 340 × 93 = 31 620

13) 303 × 55 = 16 665

14) 777 × 80 = 62 160

15) 727 × 26 = 18 902

16) 343 × 69 = 23 667

17) 561 × 37 = 20 757

18) 194 × 65 = 12 610

19) 151 × 82 = 12 382

20) 183 × 35 = 6 405

Day 57

1) 181 × 57 = 10 317

2) 533 × 90 = 47 970

3) 284 × 51 = 14 484

4) 570 × 16 = 9 120

5) 540 × 21 = 11 340

6) 366 × 40 = 14 640

7) 455 × 50 = 22 750

8) 131 × 75 = 9 825

9) 282 × 34 = 9 588

10) 924 × 26 = 24 024

11) 776 × 83 = 64 408

12) 918 × 86 = 78 948

13) 463 × 57 = 26 391

14) 382 × 19 = 7 258

15) 375 × 21 = 7 875

16) 821 × 96 = 78 816

17) 452 × 92 = 41 584

18) 939 × 63 = 59 157

19) 710 × 35 = 24 850

20) 221 × 42 = 9 282

Day 58

1) 6 210 × 76 = 471 960

2) 6 036 × 16 = 96 576

3) 8 722 × 22 = 191 884

4) 5 486 × 68 = 373 048

5) 8 294 × 38 = 315 172

6) 2 980 × 81 = 241 380

7) 4 210 × 10 = 42 100

8) 6 439 × 71 = 457 169

9) 7 145 × 19 = 135 755

10) 8 786 × 27 = 237 222

11) 7 365 × 64 = 471 360

12) 8 511 × 91 = 774 501

13) 8 845 × 36 = 318 420

14) 7 619 × 33 = 251 427

15) 7 706 × 16 = 123 296

16) 1 714 × 74 = 126 836

17) 7 713 × 97 = 748 161

18) 6 006 × 47 = 282 282

19) 2 088 × 58 = 121 104

20) 8 344 × 19 = 158 536

Day 59

1) 2 822 × 61 = 172 142

2) 1 439 × 94 = 135 266

3) 4 890 × 51 = 249 390

4) 3 158 × 69 = 217 902

5) 5 250 × 37 = 194 250

6) 2 995 × 68 = 203 660

7) 9 532 × 18 = 171 576

8) 8 877 × 30 = 266 310

9) 2 782 × 47 = 130 754

10) 6 390 × 63 = 402 570

11) 5 191 × 84 = 436 044

12) 6 797 × 36 = 244 692

13) 7 578 × 58 = 439 524

14) 4 040 × 69 = 278 760

15) 6 401 × 43 = 275 243

16) 8 944 × 71 = 635 024

17) 8 596 × 35 = 300 860

18) 3 653 × 37 = 135 161

19) 1 928 × 57 = 109 896

20) 9 217 × 82 = 755 794

Day 60

1) 4 491 × 86 = 386 226	2) 8 595 × 28 = 240 660	3) 8 893 × 92 = 818 156	4) 6 440 × 84 = 540 960
5) 6 442 × 98 = 631 316	6) 2 799 × 48 = 134 352	7) 6 222 × 34 = 211 548	8) 2 539 × 35 = 88 865
9) 2 807 × 81 = 227 367	10) 5 118 × 32 = 163 776	11) 8 961 × 13 = 116 493	12) 1 826 × 43 = 78 518
13) 9 459 × 59 = 558 081	14) 9 026 × 40 = 361 040	15) 7 674 × 77 = 590 898	16) 1 415 × 53 = 74 995
17) 8 070 × 73 = 589 110	18) 5 889 × 97 = 571 233	19) 8 845 × 56 = 495 320	20) 9 136 × 10 = 91 360

Day 61

1) 2 557 × 72 = 184 104	2) 2 513 × 66 = 165 858	3) 9 791 × 61 = 597 251	4) 3 567 × 14 = 49 938
5) 9 992 × 71 = 709 432	6) 4 145 × 42 = 174 090	7) 9 373 × 13 = 121 849	8) 2 424 × 79 = 191 496
9) 6 285 × 72 = 452 520	10) 9 021 × 82 = 739 722	11) 5 960 × 47 = 280 120	12) 8 197 × 80 = 655 760
13) 2 151 × 88 = 189 288	14) 2 722 × 34 = 92 548	15) 2 137 × 80 = 170 960	16) 5 373 × 16 = 85 968
17) 4 863 × 17 = 82 671	18) 1 304 × 88 = 114 752	19) 3 873 × 17 = 65 841	20) 1 653 × 45 = 74 385

Day 62

1) 2 983 × 15 = 44 745	2) 1 734 × 31 = 53 754	3) 1 282 × 77 = 98 714	4) 7 242 × 35 = 253 470
5) 3 527 × 35 = 123 445	6) 4 801 × 35 = 168 035	7) 8 081 × 31 = 250 511	8) 3 703 × 79 = 292 537
9) 8 612 × 75 = 645 900	10) 5 687 × 97 = 551 639	11) 2 241 × 89 = 199 449	12) 2 004 × 21 = 42 084
13) 9 632 × 46 = 443 072	14) 8 784 × 49 = 430 416	15) 7 572 × 69 = 522 468	16) 3 605 × 21 = 75 705
17) 1 704 × 19 = 32 376	18) 1 791 × 42 = 75 222	19) 1 365 × 52 = 70 980	20) 4 705 × 12 = 56 460

Day 63

1) 145 ÷ 2 = 72,5	2) 677 ÷ 7 = 96,7	3) 234 ÷ 3 = 78	4) 435 ÷ 5 = 87
5) 224 ÷ 2 = 112	6) 683 ÷ 2 = 341,5	7) 960 ÷ 4 = 240	8) 762 ÷ 4 = 190,5
9) 953 ÷ 5 = 190,6	10) 396 ÷ 1 = 396	11) 807 ÷ 7 = 115,3	12) 680 ÷ 2 = 340
13) 907 ÷ 6 = 151,2	14) 118 ÷ 8 = 14,8	15) 879 ÷ 5 = 175,8	16) 829 ÷ 4 = 207,3

Day 64

1) 669 ÷ 3 = 223	2) 767 ÷ 6 = 127,8	3) 834 ÷ 6 = 139	4) 934 ÷ 8 = 116,8
5) 578 ÷ 1 = 578	6) 702 ÷ 6 = 117	7) 959 ÷ 1 = 959	8) 916 ÷ 4 = 229
9) 976 ÷ 5 = 195,2	10) 629 ÷ 5 = 125,8	11) 583 ÷ 4 = 145,8	12) 324 ÷ 1 = 324
13) 456 ÷ 3 = 152	14) 293 ÷ 2 = 146,5	15) 683 ÷ 5 = 136,6	16) 998 ÷ 6 = 166,3

Day 65

1) 919 ÷ 3 = 306,3	2) 943 ÷ 6 = 157,2	3) 980 ÷ 2 = 490	4) 415 ÷ 5 = 83
5) 795 ÷ 4 = 198,8	6) 683 ÷ 5 = 136,6	7) 955 ÷ 7 = 136,4	8) 327 ÷ 8 = 40,9
9) 976 ÷ 9 = 108,4	10) 243 ÷ 4 = 60,8	11) 405 ÷ 5 = 81	12) 796 ÷ 1 = 796
13) 104 ÷ 8 = 13	14) 491 ÷ 5 = 98,2	15) 562 ÷ 7 = 80,3	16) 428 ÷ 7 = 61,1

Day 66

1) $3\overline{)722} = 240{,}7$ 2) $7\overline{)324} = 46{,}3$ 3) $8\overline{)438} = 54{,}8$ 4) $6\overline{)526} = 87{,}7$ 5) $9\overline{)967} = 107{,}4$ 6) $4\overline{)726} = 181{,}5$ 7) $7\overline{)662} = 94{,}6$ 8) $9\overline{)919} = 102{,}1$

9) $6\overline{)531} = 88{,}5$ 10) $6\overline{)840} = 140$ 11) $7\overline{)975} = 139{,}3$ 12) $4\overline{)151} = 37{,}8$ 13) $5\overline{)823} = 164{,}6$ 14) $7\overline{)370} = 52{,}9$ 15) $3\overline{)865} = 288{,}3$ 16) $2\overline{)889} = 444{,}5$

Day 67

1) $5\overline{)191} = 38{,}2$ 2) $5\overline{)874} = 174{,}8$ 3) $2\overline{)708} = 354$ 4) $9\overline{)848} = 94{,}2$ 5) $3\overline{)658} = 219{,}3$ 6) $1\overline{)277} = 277$ 7) $2\overline{)726} = 363$ 8) $2\overline{)189} = 94{,}5$

9) $7\overline{)335} = 47{,}9$ 10) $2\overline{)870} = 435$ 11) $6\overline{)707} = 117{,}8$ 12) $9\overline{)936} = 104$ 13) $6\overline{)428} = 71{,}3$ 14) $9\overline{)954} = 106$ 15) $3\overline{)111} = 37$ 16) $2\overline{)221} = 110{,}5$

Day 68

1) $3\overline{)2\,653} = 884{,}3$ 2) $2\overline{)7\,308} = 3\,654$ 3) $8\overline{)6\,321} = 790{,}1$ 4) $5\overline{)9\,978} = 1\,995{,}6$ 5) $7\overline{)4\,496} = 642{,}3$ 6) $5\overline{)6\,812} = 1\,362{,}4$ 7) $8\overline{)3\,106} = 388{,}3$ 8) $3\overline{)6\,135} = 2\,045$

9) $2\overline{)4\,107} = 2\,053{,}5$ 10) $1\overline{)6\,356} = 6\,356$ 11) $6\overline{)8\,607} = 1\,434{,}5$ 12) $5\overline{)7\,994} = 1\,598{,}8$ 13) $6\overline{)5\,122} = 853{,}7$ 14) $4\overline{)8\,452} = 2\,113$ 15) $3\overline{)1\,536} = 512$ 16) $4\overline{)8\,097} = 2\,024{,}3$

Day 69

1) $3\overline{)2\,960} = 986{,}7$ 2) $7\overline{)8\,199} = 1\,171{,}3$ 3) $6\overline{)1\,966} = 327{,}7$ 4) $2\overline{)2\,527} = 1\,263{,}5$ 5) $5\overline{)3\,955} = 791$ 6) $6\overline{)4\,634} = 772{,}3$ 7) $5\overline{)1\,132} = 226{,}4$ 8) $3\overline{)4\,990} = 1\,663{,}3$

9) $3\overline{)7\,049} = 2\,349{,}7$ 10) $5\overline{)3\,507} = 701{,}4$ 11) $2\overline{)1\,505} = 752{,}5$ 12) $4\overline{)9\,131} = 2\,282{,}8$ 13) $3\overline{)9\,432} = 3\,144$ 14) $6\overline{)4\,189} = 698{,}2$ 15) $4\overline{)2\,049} = 512{,}3$ 16) $3\overline{)9\,748} = 3\,249{,}3$

Day 70

1) $2\overline{)9\,540} = 4\,770$ 2) $9\overline{)1\,428} = 158{,}7$ 3) $6\overline{)4\,569} = 761{,}5$ 4) $5\overline{)4\,186} = 837{,}2$ 5) $6\overline{)7\,392} = 1\,232$ 6) $3\overline{)7\,896} = 2\,632$ 7) $2\overline{)9\,438} = 4\,719$ 8) $7\overline{)4\,674} = 667{,}7$

9) $2\overline{)6\,334} = 3\,167$ 10) $7\overline{)2\,752} = 393{,}1$ 11) $4\overline{)2\,018} = 504{,}5$ 12) $2\overline{)6\,147} = 3\,073{,}5$ 13) $3\overline{)6\,309} = 2\,103$ 14) $8\overline{)4\,603} = 575{,}4$ 15) $5\overline{)4\,901} = 980{,}2$ 16) $7\overline{)9\,715} = 1\,387{,}9$

Day 71

1) $2\overline{)5\,658} = 2\,829$ 2) $2\overline{)1\,661} = 830{,}5$ 3) $3\overline{)9\,753} = 3\,251$ 4) $6\overline{)1\,579} = 263{,}2$ 5) $4\overline{)3\,496} = 874$ 6) $3\overline{)8\,324} = 2\,774{,}7$ 7) $2\overline{)9\,745} = 4\,872{,}5$ 8) $6\overline{)8\,877} = 1\,479{,}5$

9) $5\overline{)1\,411} = 282{,}2$ 10) $4\overline{)8\,740} = 2\,185$ 11) $2\overline{)3\,031} = 1\,515{,}5$ 12) $5\overline{)6\,385} = 1\,277$ 13) $6\overline{)4\,575} = 762{,}5$ 14) $3\overline{)8\,945} = 2\,981{,}7$ 15) $1\overline{)3\,028} = 3\,028$ 16) $4\overline{)7\,342} = 1\,835{,}5$

Day 72

1) $7\overline{)5\,863} = 837{,}6$ 2) $3\overline{)4\,364} = 1\,454{,}7$ 3) $6\overline{)9\,312} = 1\,552$ 4) $4\overline{)6\,078} = 1\,519{,}5$ 5) $7\overline{)4\,347} = 621$ 6) $2\overline{)6\,817} = 3\,408{,}5$ 7) $8\overline{)2\,347} = 293{,}4$ 8) $1\overline{)4\,100} = 4\,100$

9) $1\overline{)7\,368} = 7\,368$ 10) $4\overline{)3\,448} = 862$ 11) $8\overline{)1\,058} = 132{,}3$ 12) $7\overline{)5\,800} = 828{,}6$ 13) $2\overline{)4\,466} = 2\,233$ 14) $7\overline{)5\,045} = 720{,}7$ 15) $2\overline{)4\,939} = 2\,469{,}5$ 16) $6\overline{)8\,915} = 1\,485{,}8$

Day 73

1) $3\overline{)15\,143} = 5\,047{,}7$ 2) $1\overline{)71\,525} = 71\,525$ 3) $2\overline{)96\,957} = 48\,478{,}5$ 4) $8\overline{)43\,450} = 5\,431{,}3$ 5) $7\overline{)56\,770} = 8\,110$ 6) $4\overline{)12\,350} = 3\,087{,}5$

7) $6\overline{)50\,335} = 8\,389{,}2$ 8) $7\overline{)54\,069} = 7\,724{,}1$ 9) $9\overline{)21\,616} = 2\,401{,}8$ 10) $6\overline{)58\,314} = 9\,719$ 11) $7\overline{)86\,690} = 12\,384{,}3$ 12) $2\overline{)79\,363} = 39\,681{,}5$

13) $4\overline{)30\,421} = 7\,605{,}3$ 14) $3\overline{)17\,633} = 5\,877{,}7$ 15) $1\overline{)87\,314} = 87\,314$ 16) $9\overline{)43\,908} = 4\,878{,}7$

Day 74

1) $8\overline{)40\ 010}$ 5 001,3

2) $7\overline{)34\ 277}$ 4 896,7

3) $9\overline{)22\ 729}$ 2 525,4

4) $9\overline{)76\ 972}$ 8 552,4

5) $4\overline{)95\ 564}$ 23 891

6) $4\overline{)27\ 992}$ 6 998

7) $6\overline{)81\ 647}$ 13 607,8

8) $8\overline{)39\ 737}$ 4 967,1

9) $5\overline{)34\ 937}$ 6 987,4

10) $4\overline{)57\ 793}$ 14 448,3

11) $3\overline{)97\ 870}$ 32 623,3

12) $9\overline{)47\ 125}$ 5 236,1

13) $5\overline{)60\ 137}$ 12 027,4

14) $8\overline{)30\ 733}$ 3 841,6

15) $6\overline{)61\ 930}$ 10 321,7

16) $5\overline{)20\ 642}$ 4 128,4

Day 75

1) $5\overline{)33\ 441}$ 6 688,2

2) $5\overline{)57\ 554}$ 11 510,8

3) $2\overline{)24\ 097}$ 12 048,5

4) $2\overline{)42\ 494}$ 21 247

5) $3\overline{)19\ 123}$ 6 374,3

6) $6\overline{)76\ 536}$ 12 756

7) $6\overline{)27\ 963}$ 4 660,5

8) $9\overline{)66\ 324}$ 7 369,3

9) $8\overline{)80\ 400}$ 10 050

10) $5\overline{)15\ 612}$ 3 122,4

11) $2\overline{)99\ 920}$ 49 960

12) $6\overline{)94\ 473}$ 15 745,5

13) $7\overline{)18\ 291}$ 2 613

14) $5\overline{)29\ 810}$ 5 962

15) $8\overline{)62\ 183}$ 7 772,9

16) $2\overline{)21\ 360}$ 10 680

Day 76

1) $6\overline{)63\ 906}$ 10 651

2) $2\overline{)88\ 197}$ 44 098,5

3) $8\overline{)64\ 574}$ 8 071,8

4) $6\overline{)15\ 942}$ 2 657

5) $4\overline{)98\ 153}$ 24 538,3

6) $8\overline{)48\ 318}$ 6 039,8

7) $5\overline{)73\ 170}$ 14 634

8) $6\overline{)69\ 396}$ 11 566

9) $9\overline{)20\ 490}$ 2 276,7

10) $5\overline{)59\ 078}$ 11 815,6

11) $4\overline{)79\ 987}$ 19 996,8

12) $3\overline{)18\ 339}$ 6 113

13) $2\overline{)60\ 311}$ 30 155,5

14) $5\overline{)42\ 733}$ 8 546,6

15) $7\overline{)91\ 890}$ 13 127,1

16) $9\overline{)49\ 314}$ 5 479,3

Day 77

1) $3\overline{)56\ 014}$ 18 671,3

2) $4\overline{)74\ 642}$ 18 660,5

3) $9\overline{)90\ 753}$ 10 083,7

4) $2\overline{)85\ 988}$ 42 994

5) $7\overline{)65\ 916}$ 9 416,6

6) $3\overline{)53\ 144}$ 17 714,7

7) $9\overline{)61\ 482}$ 6 831,3

8) $5\overline{)71\ 440}$ 14 288

9) $3\overline{)10\ 238}$ 3 412,7

10) $1\overline{)35\ 533}$ 35 533

11) $7\overline{)99\ 941}$ 14 277,3

12) $1\overline{)80\ 245}$ 80 245

13) $4\overline{)82\ 134}$ 20 533,5

14) $1\overline{)90\ 659}$ 90 659

15) $7\overline{)97\ 695}$ 13 956,4

16) $9\overline{)89\ 922}$ 9 991,3

Day 78

1) $44\overline{)616}$ 14

2) $70\overline{)910}$ 13

3) $10\overline{)300}$ 30

4) $71\overline{)497}$ 7

5) $61\overline{)488}$ 8

6) $46\overline{)276}$ 6

7) $88\overline{)704}$ 8

8) $10\overline{)660}$ 66

9) $42\overline{)924}$ 22

10) $64\overline{)320}$ 5

11) $22\overline{)484}$ 22

12) $42\overline{)630}$ 15

13) $31\overline{)775}$ 25

14) $55\overline{)660}$ 12

15) $34\overline{)136}$ 4

16) $23\overline{)276}$ 12

Day 79

1) $90\overline{)90}$ 1

2) $24\overline{)240}$ 10

3) $96\overline{)384}$ 4

4) $99\overline{)396}$ 4

5) $95\overline{)190}$ 2

6) $17\overline{)119}$ 7

7) $85\overline{)340}$ 4

8) $51\overline{)612}$ 12

9) $15\overline{)210}$ 14

10) $60\overline{)240}$ 4

11) $74\overline{)592}$ 8

12) $30\overline{)210}$ 7

13) $34\overline{)782}$ 23

14) $31\overline{)775}$ 25

15) $41\overline{)943}$ 23

16) $56\overline{)560}$ 10

Day 80

1) $13 \overline{)104}$ = 8

2) $87 \overline{)261}$ = 3

3) $52 \overline{)832}$ = 16

4) $14 \overline{)462}$ = 33

5) $24 \overline{)192}$ = 8

6) $82 \overline{)656}$ = 8

7) $96 \overline{)96}$ = 1

8) $34 \overline{)680}$ = 20

9) $62 \overline{)558}$ = 9

10) $66 \overline{)792}$ = 12

11) $61 \overline{)915}$ = 15

12) $27 \overline{)810}$ = 30

13) $40 \overline{)560}$ = 14

14) $35 \overline{)910}$ = 26

15) $41 \overline{)328}$ = 8

16) $68 \overline{)816}$ = 12

Day 81

1) $37 \overline{)962}$ = 26

2) $51 \overline{)918}$ = 18

3) $40 \overline{)840}$ = 21

4) $72 \overline{)432}$ = 6

5) $13 \overline{)715}$ = 55

6) $53 \overline{)371}$ = 7

7) $37 \overline{)592}$ = 16

8) $19 \overline{)893}$ = 47

9) $26 \overline{)468}$ = 18

10) $46 \overline{)966}$ = 21

11) $73 \overline{)584}$ = 8

12) $85 \overline{)510}$ = 6

13) $96 \overline{)576}$ = 6

14) $98 \overline{)980}$ = 10

15) $24 \overline{)768}$ = 32

16) $29 \overline{)580}$ = 20

Day 82

1) $94 \overline{)846}$ = 9

2) $36 \overline{)756}$ = 21

3) $19 \overline{)190}$ = 10

4) $58 \overline{)116}$ = 2

5) $84 \overline{)840}$ = 10

6) $82 \overline{)820}$ = 10

7) $25 \overline{)400}$ = 16

8) $77 \overline{)539}$ = 7

9) $62 \overline{)372}$ = 6

10) $21 \overline{)189}$ = 9

11) $87 \overline{)783}$ = 9

12) $18 \overline{)486}$ = 27

13) $83 \overline{)83}$ = 1

14) $47 \overline{)611}$ = 13

15) $55 \overline{)220}$ = 4

16) $22 \overline{)836}$ = 38

Day 83

1) $75 \overline{)782}$ = 10 R32

2) $20 \overline{)465}$ = 23 R5

3) $52 \overline{)414}$ = 7 R50

4) $11 \overline{)371}$ = 33 R8

5) $85 \overline{)954}$ = 11 R19

6) $84 \overline{)349}$ = 4 R13

7) $16 \overline{)792}$ = 49 R8

8) $13 \overline{)127}$ = 9 R10

9) $19 \overline{)146}$ = 7 R13

10) $27 \overline{)599}$ = 22 R5

11) $53 \overline{)400}$ = 7 R29

12) $13 \overline{)977}$ = 75 R2

13) $73 \overline{)740}$ = 10 R10

14) $18 \overline{)180}$ = 10 R0

15) $79 \overline{)257}$ = 3 R20

16) $49 \overline{)715}$ = 14 R29

Day 84

1) $71 \overline{)630}$ = 8 R62

2) $32 \overline{)629}$ = 19 R21

3) $19 \overline{)277}$ = 14 R11

4) $34 \overline{)727}$ = 21 R13

5) $27 \overline{)116}$ = 4 R8

6) $93 \overline{)347}$ = 3 R68

7) $93 \overline{)573}$ = 6 R15

8) $21 \overline{)832}$ = 39 R13

9) $44 \overline{)204}$ = 4 R28

10) $81 \overline{)983}$ = 12 R11

11) $88 \overline{)333}$ = 3 R69

12) $52 \overline{)696}$ = 13 R20

13) $71 \overline{)556}$ = 7 R59

14) $63 \overline{)315}$ = 5 R0

15) $45 \overline{)940}$ = 20 R40

16) $52 \overline{)500}$ = 9 R32

Day 85

1) $67 \overline{)907}$ = 13 R36

2) $41 \overline{)855}$ = 20 R35

3) $86 \overline{)551}$ = 6 R35

4) $38 \overline{)607}$ = 15 R37

5) $88 \overline{)882}$ = 10 R2

6) $98 \overline{)368}$ = 3 R74

7) $84 \overline{)447}$ = 5 R27

8) $30 \overline{)750}$ = 25 R0

9) $27 \overline{)324}$ = 12 R0

10) $59 \overline{)402}$ = 6 R48

11) $64 \overline{)751}$ = 11 R47

12) $95 \overline{)920}$ = 9 R65

13) $29 \overline{)241}$ = 8 R9

14) $27 \overline{)582}$ = 21 R15

15) $34 \overline{)657}$ = 19 R11

16) $60 \overline{)427}$ = 7 R7

Day 86

1) $61\overline{)751}$ = 12 R19

2) $74\overline{)468}$ = 6 R24

3) $22\overline{)674}$ = 30 R14

4) $88\overline{)479}$ = 5 R39

5) $90\overline{)235}$ = 2 R55

6) $81\overline{)368}$ = 4 R44

7) $22\overline{)736}$ = 33 R10

8) $12\overline{)927}$ = 77 R3

9) $27\overline{)801}$ = 29 R18

10) $83\overline{)674}$ = 8 R10

11) $92\overline{)952}$ = 10 R32

12) $32\overline{)666}$ = 20 R26

13) $64\overline{)977}$ = 15 R17

14) $91\overline{)905}$ = 9 R86

15) $84\overline{)840}$ = 10 R0

16) $99\overline{)403}$ = 4 R7

Day 87

1) $19\overline{)364}$ = 19 R3

2) $47\overline{)524}$ = 11 R7

3) $54\overline{)490}$ = 9 R4

4) $29\overline{)600}$ = 20 R20

5) $16\overline{)568}$ = 35 R8

6) $73\overline{)376}$ = 5 R11

7) $59\overline{)957}$ = 16 R13

8) $57\overline{)688}$ = 12 R4

9) $71\overline{)271}$ = 3 R58

10) $46\overline{)300}$ = 6 R24

11) $51\overline{)272}$ = 5 R17

12) $80\overline{)279}$ = 3 R39

13) $30\overline{)748}$ = 24 R28

14) $82\overline{)556}$ = 6 R64

15) $71\overline{)773}$ = 10 R63

16) $34\overline{)461}$ = 13 R19

Day 88

1) $48\overline{)2\,496}$ = 52

2) $86\overline{)8\,600}$ = 100

3) $50\overline{)5\,350}$ = 107

4) $95\overline{)3\,990}$ = 42

5) $54\overline{)2\,538}$ = 47

6) $43\overline{)8\,944}$ = 208

7) $72\overline{)9\,864}$ = 137

8) $41\overline{)5\,002}$ = 122

9) $12\overline{)1\,668}$ = 139

10) $23\overline{)9\,614}$ = 418

11) $21\overline{)7\,539}$ = 359

12) $38\overline{)2\,660}$ = 70

13) $24\overline{)1\,008}$ = 42

14) $54\overline{)5\,346}$ = 99

15) $78\overline{)1\,248}$ = 16

16) $11\overline{)3\,355}$ = 305

Day 89

1) $29\overline{)8\,874}$ = 306

2) $91\overline{)3\,003}$ = 33

3) $74\overline{)6\,142}$ = 83

4) $79\overline{)4\,898}$ = 62

5) $57\overline{)6\,726}$ = 118

6) $65\overline{)6\,240}$ = 96

7) $98\overline{)5\,684}$ = 58

8) $89\overline{)1\,068}$ = 12

9) $55\overline{)2\,365}$ = 43

10) $47\overline{)8\,695}$ = 185

11) $82\overline{)3\,362}$ = 41

12) $17\overline{)2\,771}$ = 163

13) $54\overline{)8\,370}$ = 155

14) $64\overline{)9\,792}$ = 153

15) $60\overline{)6\,060}$ = 101

16) $86\overline{)4\,644}$ = 54

Day 90

1) $49\overline{)1\,568}$ = 32

2) $75\overline{)4\,050}$ = 54

3) $87\overline{)9\,918}$ = 114

4) $16\overline{)4\,528}$ = 283

5) $74\overline{)3\,034}$ = 41

6) $26\overline{)5\,330}$ = 205

7) $49\overline{)8\,428}$ = 172

8) $78\overline{)4\,212}$ = 54

9) $59\overline{)6\,372}$ = 108

10) $50\overline{)6\,350}$ = 127

11) $76\overline{)8\,360}$ = 110

12) $80\overline{)3\,040}$ = 38

13) $92\overline{)4\,876}$ = 53

14) $28\overline{)9\,828}$ = 351

15) $48\overline{)6\,528}$ = 136

16) $77\overline{)8\,316}$ = 108

Day 91

1) $18\overline{)3\,582}$ = 199

2) $62\overline{)4\,774}$ = 77

3) $73\overline{)5\,694}$ = 78

4) $76\overline{)1\,292}$ = 17

5) $45\overline{)6\,795}$ = 151

6) $61\overline{)976}$ = 16

7) $98\overline{)7\,742}$ = 79

8) $14\overline{)3\,934}$ = 281

9) $85\overline{)8\,840}$ = 104

10) $76\overline{)2\,964}$ = 39

11) $79\overline{)7\,189}$ = 91

12) $38\overline{)5\,396}$ = 142

13) $45\overline{)9\,405}$ = 209

14) $73\overline{)3\,139}$ = 43

15) $46\overline{)3\,634}$ = 79

16) $40\overline{)9\,080}$ = 227

Day 92

1) 64)8 192 = 128

2) 16)1 904 = 119

3) 95)9 595 = 101

4) 59)2 183 = 37

5) 36)2 556 = 71

6) 41)4 141 = 101

7) 24)4 464 = 186

8) 16)1 520 = 95

9) 55)2 475 = 45

10) 13)8 658 = 666

11) 97)1 649 = 17

12) 48)4 752 = 99

13) 62)5 146 = 83

14) 57)1 311 = 23

15) 81)3 807 = 47

16) 16)4 784 = 299

Day 93

1) 38)7 315 = 192 R19

2) 12)4 639 = 386 R7

3) 63)9 649 = 153 R10

4) 27)1 736 = 64 R8

5) 41)3 417 = 83 R14

6) 27)1 284 = 47 R15

7) 42)8 748 = 208 R12

8) 76)7 109 = 93 R41

9) 10)4 068 = 406 R8

10) 81)3 371 = 41 R50

11) 80)5 912 = 73 R72

12) 55)2 437 = 44 R17

13) 68)9 339 = 137 R23

14) 23)1 729 = 75 R4

15) 98)7 498 = 76 R50

16) 88)8 531 = 96 R83

Day 94

1) 18)9 904 = 550 R4

2) 93)1 802 = 19 R35

3) 57)4 539 = 79 R36

4) 83)6 193 = 74 R51

5) 23)1 189 = 51 R16

6) 31)8 172 = 263 R19

7) 89)4 667 = 52 R39

8) 31)8 564 = 276 R8

9) 58)5 839 = 100 R39

10) 46)2 984 = 64 R40

11) 41)7 765 = 189 R16

12) 52)2 157 = 41 R25

13) 34)7 306 = 214 R30

14) 40)8 651 = 216 R11

15) 67)9 830 = 146 R48

16) 22)8 505 = 386 R13

Day 95

1) 30)9 941 = 331 R11

2) 26)7 790 = 299 R16

3) 39)9 827 = 251 R38

4) 33)8 667 = 262 R21

5) 16)4 538 = 283 R10

6) 60)2 093 = 34 R53

7) 48)5 252 = 109 R20

8) 17)7 070 = 415 R15

9) 40)9 680 = 242 R0

10) 77)5 992 = 77 R63

11) 74)6 395 = 86 R31

12) 13)4 708 = 362 R2

13) 17)2 655 = 156 R3

14) 21)2 497 = 118 R19

15) 91)2 342 = 25 R67

16) 63)1 150 = 18 R16

Day 96

1) 57)3 439 = 60 R19

2) 25)1 739 = 69 R14

3) 84)7 366 = 87 R58

4) 88)2 265 = 25 R65

5) 36)8 540 = 237 R8

6) 85)6 137 = 72 R17

7) 94)5 806 = 61 R72

8) 84)1 309 = 15 R49

9) 76)5 360 = 70 R40

10) 32)3 687 = 115 R7

11) 19)2 566 = 135 R1

12) 99)7 741 = 78 R19

13) 40)3 078 = 76 R38

14) 91)5 972 = 65 R57

15) 28)2 824 = 100 R24

16) 74)2 824 = 38 R12

Day 97

1) 63)8 519 = 135 R14

2) 52)1 518 = 29 R10

3) 92)6 828 = 74 R20

4) 15)7 263 = 484 R3

5) 81)4 805 = 59 R26

6) 85)6 233 = 73 R28

7) 23)7 946 = 345 R11

8) 75)3 610 = 48 R10

9) 35)5 549 = 158 R19

10) 90)1 342 = 14 R82

11) 97)6 590 = 67 R91

12) 94)1 207 = 12 R79

13) 51)6 859 = 134 R25

14) 14)6 618 = 472 R10

15) 92)1 695 = 18 R39

16) 36)3 580 = 99 R16

Day 98

1) 6 1, 2, 3, 6   2) 4 1, 2, 4   3) 31 1, 31   4) 59 1, 59

5) 8 1, 2, 4, 8   6) 55 1, 5, 11, 55   7) 12 1, 2, 3, 4, 6, 12   8) 3 1, 3

9) 85 1, 5, 17, 85   10) 86 1, 2, 43, 86

1) 78 78, 156, 234, 312, 390   2) 2 2, 4, 6, 8, 10   3) 8 8, 16, 24, 32, 40

4) 5 5, 10, 15, 20, 25   5) 12 12, 24, 36, 48, 60   6) 65 65, 130, 195, 260, 325

7) 90 90, 180, 270, 360, 450   8) 99 99, 198, 297, 396, 495

1) 1 = 1 (No)   2) 84 = 2×2×3×7 (No)   3) 6 = 2×3 (No)   4) 3 = 3 (Yes)

5) 78 = 2×3×13 (No)   6) 9 = 3×3 (No)   7) 91 = 7×13 (No)   8) 82 = 2×41 (No)

Day 99

1) 26 1, 2   2   2) 91 1, 7   7
   64 1, 2   14 1, 2, 7

3) 84 1, 2, 3, 4, 6, 7, 12, 14, 21   21   4) 70 1, 2, 5, 7, 10, 14   14
   21 1, 3, 7, 21   14 1, 2, 7, 14

5) 98 1, 2, 7, 14   14   6) 12 1, 2, 3, 4, 6, 12   12
   84 1, 2, 3, 4, 6, 7, 12, 14   84 1, 2, 3, 4, 6, 7, 12

7) 22 1, 2, 11, 22   22   8) 72 1, 2, 3, 4, 6, 8, 9, 12   12
   88 1, 2, 4, 8, 11, 22   60 1, 2, 3, 4, 5, 6, 10, 12

Day 100

1) 11 11, 22, 33, 44, 55, 66, 77   77   2) 8 8, 16, 24, 32, 40   40
   7   7, 14, 21, 28, 35, 42, 49, 56, 63, 70,   10 10, 20, 30, 40
       77

3) 12 12   12   4) 12 12, 24   24
   4   4, 8, 12   8   8, 16, 24

5) 9 9, 18, 27, 36, 45, 54, 63   63   6) 12 12, 24, 36, 48, 60, 72, 84   84
   7 7, 14, 21, 28, 35, 42, 49, 56, 63   7   7, 14, 21, 28, 35, 42, 49, 56, 63, 70,
                                                           77, 84

7) 10 10, 20, 30, 40   40   8) 11 11, 22, 33, 44, 55, 66, 77, 88, 99,   132
   8   8, 16, 24, 32, 40   110, 121, 132
                                             12 12, 24, 36, 48, 60, 72, 84, 96, 108,
                                                 120, 132

Day 101

1) 22 1, 2, 11   11   2) 44 1, 2, 4, 11   11   3) 39 1, 3   3
   77 1, 7, 11   55 1, 5, 11   21 1, 3

4) 55 1, 5   5   5) 35 1, 5, 7   7   6) 16 1, 2   2
   90 1, 2, 3, 5   42 1, 2, 3, 6, 7   30 1, 2

1) 8 8, 16, 24   24   2) 12 12   12
   12 12, 24   6 6, 12

3)   7   <u>7, 14, 21, 28, 35, 42</u>   <u>42</u>   4)   3   <u>3, 6, 9, 12, 15, 18, 21</u>   <u>21</u>

        6   <u>6, 12, 18, 24, 30, 36, 42</u>   7   <u>7, 14, 21</u>

5)   6   <u>6, 12</u>   <u>12</u>

        4   <u>4, 8, 12</u>

Day 102

1)   208 = <u>2×2×2×2×13 (No)</u>   2)   176 = <u>2×2×2×2×11 (No)</u>   3)   243 = <u>3×3×3×3×3 (No)</u>

4)   129 = <u>3×43 (No)</u>   5)   283 = <u>283 (Yes)</u>   6)   161 = <u>7×23 (No)</u>

7)   299 = <u>13×23 (No)</u>   8)   215 = <u>5×43 (No)</u>   9)   234 = <u>2×3×3×13 (No)</u>

10)   140 = <u>2×2×5×7 (No)</u>   11)   253 = <u>11×23 (No)</u>   12)   202 = <u>2×101 (No)</u>

13)   298 = <u>2×149 (No)</u>   14)   224 = <u>2×2×2×2×2×7 (No)</u>   15)   295 = <u>5×59 (No)</u>

16)   125 = <u>5×5×5 (No)</u>   17)   117 = <u>3×3×13 (No)</u>   18)   270 = <u>2×3×3×3×5 (No)</u>

Made in United States
Orlando, FL
15 October 2024

52682169R00070